逆向商业模式

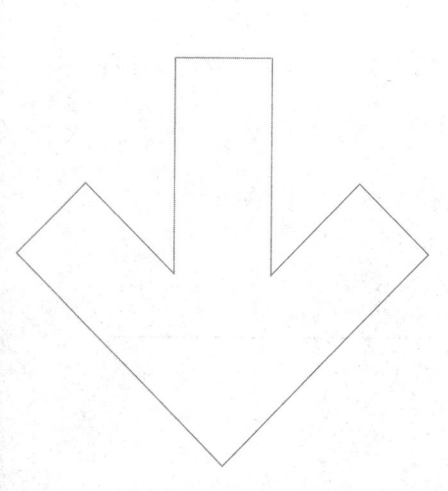

成旺坤/编著

中华工商联合出版社

图书在版编目(CIP)数据

逆向商业模式 / 成旺坤编著. — 北京：中华工商联合出版社，2025.4. — ISBN 978-7-5158-4234-9

Ⅰ.F72

中国国家版本馆CIP数据核字第2025A7E320号

逆向商业模式

作　　者：成旺坤
出 品 人：刘　刚
责任编辑：胡小英　楼燕青
装帧设计：周　源
排版设计：水京方设计
责任审读：付德华
责任印制：陈德松
出版发行：中华工商联合出版社有限责任公司
印　　刷：三河市宏盛印务有限公司
版　　次：2025年6月第1版
印　　次：2025年6月第1次印刷
开　　本：710mm×1020mm　1/16
字　　数：120千字
印　　张：15
书　　号：ISBN 978-7-5158-4234-9
定　　价：58.00元

服务热线：010－58301130－0（前台）
销售热线：010－58302977（网店部）
　　　　　010－58302166（门店部）
　　　　　010－58302837（馆配部、新媒体部）
　　　　　010－58302813（团购部）
地址邮编：北京市西城区西环广场A座
　　　　　19—20层，100044
http://www.chgslcbs.cn
投稿热线：010－58302907（总编室）
投稿邮箱：1621239583@qq.com

工商联版图书
版权所有　侵权必究

凡本社图书出现印装质量问题，请与印务部联系。
联系电话：010－58302915

序 言

这是一个逆向商业模式正在成为企业通途的时代。

不管你是否愿意承认,商业环境的变化是一个不可否认的事实。

以移动互联网的普及为例,海量的产品信息充斥在网络的各个角落,买方和卖方的关系发生了根本性的转变。

在互联网普及之前,企业掌握着核心的产品知识和信息,用户若想获得这些信息,必须向企业咨询或学习。然而,现如今,网上到处都是商家的产品信息,论坛和社交媒体的蓬勃发展使得用户可以轻松地将产品推荐或分享给他人。如果企业不能抓住用户,就等于掐断了自身盈利的命脉。因此,商业界又出现了"得用户者得天下"的说法。从这个角度来看,传统的卖方市场已经完全转变成买方市场。

再加上产品种类的极大丰富，市场竞争的不断加剧，以及消费者消费观念的快速变化……这一切的一切都在推动我们要逆向思考，去寻找出口。

如今的分享经济、O2O模式正是逆向商业模式的典型代表。

其实，逆向思维自古以来就是解决难题的一大法宝。它能够帮助我们开拓新路径，并在众多解决方案中找到最简单有效的那一个。

马云在创办互联网企业之初，借鉴了欧美模式，但很快就发现这套模式在中国难以照搬。因为欧美的电子商务服务的主要是大企业，而中国的电子商务则主要服务于中小企业，两者不能采用同一种模式。因此，他决定开创一种全新的模式。他放弃了在北京的一切，回到杭州，召集团队全力投入研发，钱不够就找亲戚朋友借。最终，他的成功证明了逆向思维的巨大潜力。

逆向思维同样适用于商业模式的创新。

过去，我们的商业模式大多是正向的，比如传统的门店销售，通过商品买卖的差价来赚取利润。然而现在，企业可以将商品的毛利率定得很低，甚至是零，通过实行会员制等方式来实现盈利。

以Costco为例，它在中国开设的第一家门店就采用了这种模式。Costco的商品毛利率就极低，同样品牌的箱包，别的商家卖900元，它可能只卖300元。其所有商品的毛利率都控制在1%～14%。任何商品的毛利率超过14%，就需要经过Costco CEO和董事会的批准。

毛利率尽管如此低，Costco依然能够实现盈利。这是因为它的商品质量超好，深受用户喜爱，因此吸引了大量用户成为会员。假如Costco拥有2000万会员，每人每年的会员费是100元，这便是一笔巨大的收入。

当然，以上例子只是逆向商业模式的冰山一角，在本书中，我们将详细阐述更多逆向商业模式的实例。

总之，我们应该认识到，如果所有人都站在同一个角度，使用同一种方法去争夺同一批客户，最终只会陷入激烈的竞争当中。而采用逆向思维和逆向商业模式，我们就能打开一扇全新的窗口，实现比传统商业模式更高的盈利。

第一章　商业模式的发展历程

1.0商业：产品+营销+管理　　　　　　　　　　002
2.0商业：品牌+渠道+融资　　　　　　　　　　006
3.0商业：模式+人才+文化　　　　　　　　　　010
4.0商业：1.0商业+2.0商业+3.0商业　　　　　014

第二章　这个时代的逆向商业思维

以前做产品，现在做模式　　　　　　　　　　018
不是创造收入，而是创造顾客　　　　　　　　022
先有粉丝，后有经济　　　　　　　　　　　　026
不要打价格战，而要打负价格战　　　　　　　030
唯有利他，才能利己　　　　　　　　　　　　035

第三章 唯逆向方可盈利

正向盈利结束，逆向盈利到来　　　　040
逆向是一种思维，盈利是一套系统　　043
选择商业模式的关键要素　　　　　　047
规划企业新的盈利途径　　　　　　　051
设计企业新的盈利点　　　　　　　　057

第四章 解密逆向商业模式

企业独特的DNA是什么　　　　　　062
从商业模式开始筹划　　　　　　　　068
从封闭到开放，从自我到分享　　　　073
从广告到社群，从场景到数据　　　　079
从专注到跨界，从平面到垂直　　　　085
从消费到产业，从收费到免费　　　　091
从重资产到轻资产　　　　　　　　　097
平台：无边界多元整合资源　　　　　101

第五章 如何从正向商业模式迈向逆向商业模式

用对"长尾理论",发挥"蝴蝶效应" 106
抢占流量等于抢占行业蓝海 110
强强联合,协同共生 114
多元整合,做好消费升级 118
把成本变成收入,把投资变成融资 123
改变原有的利益结构 127
用逆向思维去招商 131

第六章 逆向商业模式的营销手段

商业模式、战略和营销的关系 136
免费也是一种营销手段 141
做减法的新型营销方式 145
如何增加用户的黏性 149
快速圈人,让顾客自愿帮你卖货 154
这样玩转线上营销 158
如何构建庞大的销售网络 163
如何构建企业的销售流程 167

第七章　逆向商业模式的企业创新

新商业模式落地的七个步骤　　　174
微商的逆向商业模式　　　183
传统企业的逆向商业模式　　　188
新零售的逆向商业模式　　　192
互联网企业的逆向商业模式　　　197

第八章　逆向商业模式案例解读：走在前面的赢家

小米的颠覆式创新"铁人三项"　　　202
靠增值服务打开盈利空间的京东　　　206
轻电商轻资产的阿里巴巴　　　210
靠免费起家的奇虎360　　　214
苏宁：从店商到云商　　　219
"行业搅局者"瑞幸咖啡　　　223
云集：一个复杂的综合体　　　227

第一章

商业模式的发展历程

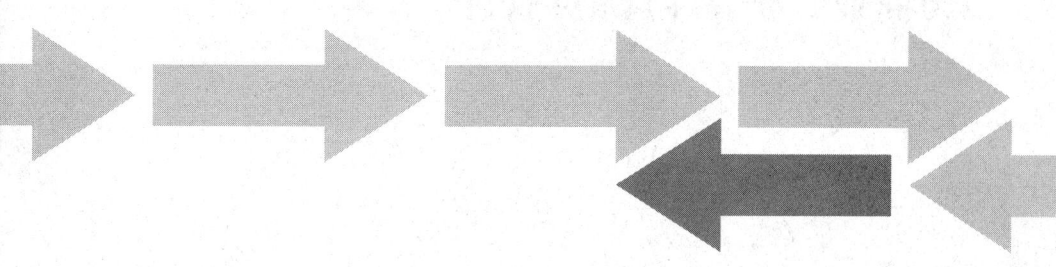

  商业的历史,其实也是商业模式发生变革的历史。从20世纪后期到现在,商业社会及商业模式的变化一刻也没有消停过。

  短短几十年,我们的商业社会及商业模式就从1.0来到了4.0。身处这个快得几乎让人眼花缭乱的世界,要看懂这些变化,我们就要先看懂它从哪里来?怎么来?

1.0商业：产品+营销+管理

商业模式自商业诞生之初便已存在，其历史可以追溯到几千年前。然而，在漫长的岁月中，商业模式却并未有多少实质性的变革。直到信息技术的兴起，商业的本质被重新定义，商业模式却在不到百年的时间里，便走过了以往几千年都不曾经历过的变革历程。

20世纪80年代之前，整个世界还处在工业化的时代，商业的核心技术是工业机械。由于市场上的产品无法完全满足大众的需求，处于供不应求的状态，基本上是企业生产什么，顾客就买什么。因此，企业的生产目标仅仅是尽可能多地制造产品以满足市场的需求，而不会太注重产品的外在，比如包装、外观设计等。

从这一点我们可以看出，早期的商业是以产品为中心的时代，企业的商业模式亦是产销一体的，也就是企业生产产品，然后在市场上开个商店进行销售，而且基本上不愁销路。例如，福特汽车的创始人亨利·福特就曾自信地宣称："无论顾客想要什么颜色的车，福特的车只有黑色的。"

在我国，这种情况在改革开放初期尤为明显。当时的很多产品并不具备品牌的特征，只要企业能生产出来，就能在市场上销售，就肯定会有顾客购买。毕竟，当时物资短缺，顾客的选择也有限。

那时的消费者是被动的，可选的商品非常少，是典型的卖方市场。但这并不意味着企业不需要营销，当时的营销就是把生产的产品卖给有支付能力的消费者。通常企业是采用开店销售的模式，或者是把产品批发给开店的商家，让其代为销售。当然，这一时期企业生产的产品也相对初级，且在生产过程中，企业更多地关注产品的数量以及成本，而非消费者的感受。当时的企业普遍认为，规模越大，成本越低，反之亦然。因此，企业会想尽办法扩大生产规模，标准化产品，以最大限度地降低成本。例如，福特汽车公司最初只生产黑色汽车，并非因为福特没有能力生产其他颜色的汽车，而是因为生产多种颜色的汽车会增加成本，这在经济上并不划算。

扩大生产规模和标准化产品需要有效的管理。其实，管理一直是商业模式的重要组成部分。即使在工业化之前，也没有哪个作坊能够离开管理。随着机械化的发展和交通的便利，运输成本的降低，促进了大公司的发展，企业对正规化管理的需求也随之增加。

在商业模式1.0时代，管理者尤为注重产量、成本、价格等因素，劳动分工和专业化管理受到很多管理者的广泛欢迎。举例如，经济学泰斗亚当·斯密便曾做过这样一个研究，一个生产别针的企业，如果管理者对工人进行合理的劳动分工，工人每天可以生产48000只别针，而未经分工的工人每天最多只能生产20多只。

除了产品、营销和管理，我们找不到商业模式1.0时代更多的其他特征。而在这里面，产品又处在尤为重要的地位，营销和管理只是产品的补充。由于社会和市场的"无差别化"，顾客因需求而不得不重复购买，企业也产生了顾客忠诚高的错觉。

然而，时代在快速变化。面对巨大的购买力和购买需求，有远见的商人和政府开始大量开办企业，市场上的产品也逐渐变得丰富。消费者的选择越来越多，企业不再是市场的主导者，消费者开始主导市场。觉醒的商人终于意识到，企业需要转型，商业模式也需要变革。

2.0商业：品牌+渠道+融资

随着社会技术核心转向信息科技，商业模式也经历了重要的演变，即从1.0时代过渡到了2.0时代。

在信息科技时代，商品的极大丰富导致同类产品的同质化现象日益严重。同时，市场从之前的供不应求变为供大于求。为了活下去，企业开始有意识地向消费者传递情感与形象，而"客户就是上帝"也成了企业获得客户的黄金法则。

在这样的背景下，品牌的重要性日益凸显。

虽然，品牌并不是在商业模式2.0时代才出现。早在20世纪初甚至更早，许多商品就已经拥有品牌。然而，在商业模式2.0时代，品牌的影响力比以往任何时候都要强烈。

品牌的本质是让消费者记住并持续记住企业及其产品。这不仅仅是一个好听的名字，更包含了丰富的内涵。例如，像现在大众所熟知的海尔、云南白药、同仁堂等知名品牌，除了名字好记好听外，还通过提供比同类产品更优质的产品和更具吸引力的品牌故事，赢得了消费者的口碑和忠诚。

对于一个企业而言，品牌固然重要，但消费者购买产品绝不仅仅是冲着品牌去的，消费者更看重的是品牌产品背后的产品品质和服务。品牌是品质和服务的延伸，也是品质和服务的包装。因此，企业要打造好的品牌，就必须在品牌背后下足功夫，否则，即使品牌名称再响亮，也难以留住消费者。

品牌的作用是帮助企业在同质化的产品中脱颖而出，吸引更多的消费者。但是，商业模式2.0并不仅仅依赖品牌，渠道同样需要慎重对待。渠道执行的功能就是把商品从生产者手中转移到消费者手中，商业模式1.0时代的商店代销渠道实在是过于简单，而在商业模式2.0时代，市场上开始出现批发商、代理商、零售商、连锁经营、特许经营、生产企业自营销售组织、网上直销等直销和分销众多形式，商人们在选择渠道时，也更注重利用产品、价格、促销这些战略来获得竞争优势。

在渠道被提得越来越多的时候，商业界甚至流传着"渠道为王"的说法。之所以这么说，是在市场丰富起来以后，有很多企业已经很难通过自己的能力覆盖中国这个具有多层级、多层次的市场。而那些能将渠道都打通或是最大限度打通的企业，便能在一定程度上主宰市场。

举个例子，就在大约20年前，商品的品牌在广大农村市场，只是听说过还不行，村民们要的是看得见、买得着的商品。而要在农村市场铺货，企业对渠道的需求把握和自己在农村的营销网络建设、价格管控、终端维护就非常重要，而这需要投入大量的人力、物力和财力，并不是一般企业所能做到的。

品牌的塑造和渠道的建设都需要企业花费大量的资金，同时也为了更好地和竞争企业进行竞争，这就使很多企业出现了资金缺口。面对这一问题，融资成了解决企业资金难题的新途径。在商业模式2.0时代，更多的企业开始向银行贷款，以扩大自己的生产规模，以期占据更大的市场。社会上也开始出现一些投资公司，它们会将资金投向好项目所在的企业，而在企业发展壮大以后从中分一杯羹。

从企业的发展历程来看，可以说企业是一个不断融资、发展、再融资、再发展的过程。在信息科技时代，企业通常会经历产品经营阶段、品牌经营阶段和资本经营阶段，而资本经营阶段的重头戏便是融资。

品牌、渠道和融资共同构成了商业模式2.0时代的主体特征。这一时期，品牌已经超越了单纯的产品。与1.0时代相比，市场从卖方市场转变为买方市场，企业必须以消费者为中心才能获得更好的发展，而让消费者认可的方法就是将自己的品牌深植入消费者心中，并且做好渠道工作，让消费者能够看得见、买得着品牌产品。这是企业向外展现实力的方式，而企业内部需要做好的内功则是融资，通过更多的资金来扩大生产规模，建设更强大的品牌，并使渠道更加丰富、完善。

3.0商业：模式+人才+文化

互联网的出现无疑是人类社会的一次革命。它的普及彻底改变了社会传播行为的内容生产、传播及获取方式。过去，信息只掌握在少数人手中，普通人很难在第一时间获取相关信息。而互联网快速、无地域限制的传播方式，使普通人同样拥有了获取信息的时间和渠道便利。甚至连以往只能在线下进行的买卖活动，也被广泛转移到了线上。在互联网世界里，人人都是平等的，商家和一般消费者可以快速对话、反馈，消费者的口碑传播速度也比以往任何时代都要快得多。

这些变化对商业产生了深远影响，商业模式的发展也进入了3.0时代。这是一个由互联网主导的时代，企业必须跟上互联网的发展变化。海尔集团董事局主席、首席执行官张瑞敏曾这样说：没有成功的企业，只有适应时代的企业。处在互联网时代，企业只能跟上互联网。百年企业就是通过"自杀"重生的。

举个简单的例子，传统企业过去主要依靠传统门店来实现销售，但随着互联网的兴起，电子商务得以蓬勃发展，传统门店开始面临前所未有的挑战。在这个时期，企业如果不改变策略，不拓展电子商务，而是死守传统门店，那么这样的传统企业必然会走进死胡同。

因此，企业又到了一个必须改变的窗口期。首当其冲的是"变"模式。以产品的开发模式为例。传统企业的产品开发，通常是先调查消费者，然后从调查结果中找到消费者的需求，再根据这些需求，找专业人员设计产品，产品设计出来后，企业再购置原材料，组织工人生产，打广告并且将产品推向市场。这一套流程既烦琐又冗长，前后要花费大量的时间，在产品推出时，市场可能已经发生了变化，产品便不得不积压，造成资源浪费。

　　于是，一些有先见之明的企业便采用了全新的开发模式。以海尔的模卡电视为例。在开发这款产品时，海尔首先针对国内的互联网用户启动了征集体验者的活动，与用户一对一地沟通，收集用户对电视的看法和期待，相应地对即将要推出的产品进行维护和升级。海尔还特意邀请了一批时尚而个性的网友来到现场体验这款智能新品，全方位地获取用户的感受。在得到多数用户的肯定后，才将电视推向市场。结果引来赞誉无数，大家纷纷推荐，称其配置顶级，操作简单，不仅好看，而且好玩。

　　互联网的深层交互给企业模式的改变带来了无限的想象空间。互联网思维并不等同于传统的工业化思维，过去那种大规模生产、大规模销售、大规模布局的模式在互联网时代遭遇了严重挑战。企业必须变革自己的模式，否则将面临生存危机。

　　当然，和以往任何时代相比，互联网带来的产品迭代都要快得多。信息的广泛传播使消费者对产品的诉求越来越丰富，企业不得不快速变更自己的产品以满足消费者的口味。而产品的升级换代离不开技术的支持，因此企业又不得不投身于激烈的"人才大战"中。

"21世纪，人才是最重要的。"这句电影台词真实地反映着商业模式3.0时代的某种特征。拥有更多更好人才的企业，才能快速响应消费者的诉求，打造出更多符合消费者需求的产品。在这种情况下，企业就不得不在人才创新和文化创新方面投入更多的精力。

人才和文化是一体的，毕竟人不同于商品，人才是有情感的。任何企业都不希望自己的人才流失，而要想留住人才，企业就需要营造一个符合人才期望的环境。因此，企业文化又被提升到了前所未有的重要地位。

商业模式3.0时代的三个特征——模式、人才和文化，虽然模式占据主导位置，但它们之间是相互影响的。文化决定人才，人才决定模式。与1.0和2.0时代相比，商业模式3.0时代的各个主要特征之间的联系变得前所未有地紧密，并且一直延续到商业模式4.0阶段。

4.0商业：1.0商业+2.0商业+3.0商业

这是一个快得令人眼花缭乱的时代。互联网的普及不过是十多年前的事情，而移动互联网的风潮又席卷而来。与此同时，云计算、大数据和物联网的出现，为互联网和商业活动带来了前所未有的可能性。

这便是商业模式4.0时代，也就是我们目前所处的商业时代。商业模式4.0已经不再局限于几个简单的特征，如果非要找出它的三个主导元素，那就是1.0商业、2.0商业和3.0商业的融合。在这个时期，商业模式的各个元素已经被紧密地联系在一起,缺一不可,商家必须对每个元素给予足够的重视和警惕。

小米总裁雷军曾在总结自己做手机的经验时,提出了一个"七字诀":专注、极致、口碑、快。这短短七个字蕴含着丰富的内涵。

专注主要是针对品牌和管理,乔布斯曾说:专注是极富力量的,而创业公司是非常需要专注的,专注就是说"不",就算是已经极好的东西也要说"不"!雷军认为,企业无须打造过多的产品线,而应将精力集中到少数几种产品,甚至是某一种产品上,这样才能将精力集中到一点,让这款产品、这个品牌达到极致。极致是对产品的要求,雷军认为,做产品要么不做,要么做到极致,只有极致的产品才会有口碑。而口碑的把握离不开营销和渠道,无论是线上还是线下,小米都有众多经典的营销和渠道案例。至于"快",则涉及模式、人才、文化及融资等方面,它是产品的后勤保障。要实现快速,企业需要有相应的模式,相应的人才匹配,相应的文化氛围,以及在需要资金时,有人能主动提供支持。

"七字诀"只是商业模式4.0的一个缩影,但并不能完全代表它,但它告诉我们,在商业模式4.0时代,产品、渠道、管理、品牌、渠道、融资、模式、人才和文化必须引起商家的高度重视，如果忽略了其中任何一点，我们都有可能遭受无法挽回的损失。

其实，4.0商业的本质在于以上所有特征的融合，都是为了企业给用户创造价值。在这个时代，如果不能给用户创造价值，企业的盈利、扩展和自保等都将成为一纸空谈。

为客户创造价值，简单来说，就是全方位地为客户着想，满足客户的需求。如果你的产品能够符合消费者的期望，你的营销深入人心，让消费者认同并且产生疯狂的购买行为；你的管理让你能制造出相应的产品，打造出极有归属感的企业文化，留住更多的人才；你的品牌流传在各个角落，无论是城镇还是乡村；你的渠道全方位覆盖，无论是线上还是线下，人们都能看得见、买得着；你的融资不成问题，投资商都愿意投你的项目；你的模式正好和现在的市场环境并行不悖。那么，你才称得上是拥有了4.0时代的商业模式。

第二章

这个时代的逆向商业思维

在移动互联网蓬勃发展的当下,整个商业社会都在被重塑。与此同时,许多人们曾认为理所当然的商业思维也面临着前所未有的挑战。然而,当我们深入剖析当前成功的商业案例时,会发现这些案例背后所蕴含的商业思维是逆向的。

以前做产品，现在做模式

我国有句老话"酒香不怕巷子深"，这话运用到商业上，意思是说，只要你做的是好酒（好产品），哪怕巷子深点也没关系，自有顾客上门来打酒（买产品）。

然而，时移世易。在这个信息爆炸的时代，各种商品琳琅满目，就算你的酒（产品）再好，如果不去做营销推广，不去做宣传，人们找起来极为困难，那顾客也是不会知道的。因此，现在这句话又被改成了"酒香也怕巷子深"。

有个例子很好地说明了这一点。20世纪初在巴拿马万国博览会上，各国名酒齐聚一堂，中国的国酒茅台也不例外。然而，中国的参展位却被挤在了一个角落里，结果酒虽好却少有人问津。这时，一位智者想到了一个办法，他带着茅台来到会场中央，假装失手打碎了酒瓶，顿时酒香四溢，吸引了众人驻足。最终，因为这次"推广"，茅台获得了万国博览会的金奖。

"酒香也怕巷子深"与"酒香不怕巷子深"相对，但却多了一个步骤，即营销推广和宣传方式，而多的这个步骤，相当于就是"模式"。

由此也可以看出，以前商家基本是做好产品就可以了，现在则不光是产品要好，更重要的是模式要出彩，尤其是在商业4.0时代，更是如此。

所谓模式，其实就是把产品卖给顾客，让自己能够赚到钱的方法。它包含的范围非常广，上面说的营销推广和宣传方式只是模式中的一个方面。模式除了推出产品以外，还包括企业如何理解用户，如何让产品快速便捷地送达顾客手里，以及顾客最重要的痛点是什么。企业做模式，就是要先设计好模式，再去卖产品。产品相当于是模式的原材料，有了模式以后，我们再往模式里面装产品。

现在，有很多企业的商业模式设计得非常完美，而相关的企业也从中取得实实在在的好处。

例如，前些年比较火的摩拜单车，其之所以能火，主要原因绝不在于它运营的是一款单车产品，而在于它设计了一整套从借单车到骑行到停放的全新的商业模式。从本质上说，它的成功得益于它做好了模式。

摩拜创新的模式就是人们愿意用APP来借单车，并且愿意付费。这在以前是没有过的，而它一经推出，就引起了人们的注意，并且做到了成功。

这里面，摩拜的产品已经退到了模式的后面，因为模式符合大众化的需求，因此也带动了其产品的红火。

当然，我们说以前做产品，现在做模式，并不是说只要模式做好了，产品如何低劣都可以"大红大紫"。对于企业来讲，产品和模式缺一不可，我们既要有抓住人们痛点的产品，也得有好的商业模式。只不过，在商业4.0时代，模式显得更重要了。尽管如此，模式也需要有好的、让人尖叫的产品做基础。不然，你的模式再好，也不过落得昙花一现的结局。

就像以前的凡客，其创始人凭借一个非常好的商业模式，一度让凡客走红，风靡一时。但不久，消费者发现买到的凡客产品和超市里的普通商品并无太大的差别，于是纷纷转投其他品牌。这让凡客陷入困境，甚至一度濒临倒闭。幸运的是，凡客后来淘汰了大部分质量一般的产品，转而专注于打造高端的、具有市场差异化的产品，最终成功涅槃重生。

因此，在4.0商业时代，企业发展的核心逻辑是"模式要上天，产品要落地"。一家企业，既要有好的产品，又要有好的商业模式，如此才能如虎添翼，所向披靡，取得辉煌的成就。

不是创造收入，而是创造顾客

在传统经济时代，企业遵循着极为务实的商业逻辑是创造利润，谁创造的利润大，谁就能睥睨天下。然而，到了互联网经济时代，这种商业模式却逐渐变得难以为继了。相反，那些专注于创造顾客的企业，已然在商业的舞台上崭露头角，引领风骚。

究其原因，时代已经变迁。

过去，企业多为重资产模式，即利润需要自己挣取，融资很难，因此对利润格外看重，毕竟"手中有粮，办事不慌"。

而现在呢，企业拿到投资已经不再是难事，只要你的产品、服务或创意足够吸引人，你就可以拿到投资或者通过众筹获得资金。因此，企业对利润的追求逐渐转弱，反而回归到商业的本质——创造顾客上来，这也是德鲁克特别强调的一个观点。

从某种意义上来说，企业生存的目的便是创造顾客。因为企业的利润是由顾客决定的，只有当顾客愿意购买企业的产品或服务时，企业才能找到或拓展盈利空间，而且顾客的基数越大，企业能够展示的舞台才会越广阔。在互联网时代，如果企业拥有了海量的顾客，那它就拥有了无限的想象空间，可以做很多事情。

以腾讯为例，其开发的产品之所以受欢迎，就是因为它有庞大的"粉丝"基础。这些由QQ、微信等创造出来的顾客，又转而成为它拓展的其他产品的忠实用户，助力腾讯迅速积累了巨额财富。

值得注意的是，我们这里强调的是创造顾客，而不是满足顾客。要创造顾客，就要考虑如何满足顾客的需求，认识到顾客所看重的价值，甚至主动创造顾客的需求。以某大型连锁超市为例，我们来剖析如何巧妙地创造顾客需求。

张某计划开一家超市。为此，他与多家供货商洽谈合作的相关事宜。供货商们纷纷答应以1元的单价将产品卖给张某，而张某却在超市中将这些商品以0.97元的价格出售。为了迅速提升超市的知名度，张某精心策划并开展了一系列网上促销活动。很多人被低价吸引，纷纷来超市抢购。超市的销量也随之急剧攀升。

随着销售的火爆，张某超市每天的现金流十分可观。当他向银行申请贷款时，银行也批准了他的请求。张某又拿着银行的贷款跑到各地开连锁超市，依然坚持每件商品亏3分钱的策略。

虽然在商品销售上看似亏损，但张某知道大部分顾客都倾向于以最低的价格购买同等商品。因此，他通过低价策略成功吸引了大量的顾客，并且一段时间后稳定了客流量。同时，源源不断的银行贷款，为他解决了资金问题。而且，由于订单量大，供货商们都很喜欢与他合作。

不久，张某调整了策略，对供货商提出新的要求：原来1元的进价，现在只愿意支付0.75元。他表示，如果供货商不接受，他就找其他合作伙伴。他的超市的需求量庞大，供货商们为了抢着和他做生意，只能咬牙接受这一苛刻的条件。

就这样，张某超市的商品虽然还是以0.97元的价格出售，但进货价却降至0.75元，由此开始实现盈利。

这充分体现了创造顾客群体所带来的好处。顾客有了，贷款、供货的便利也随之而来。现在很多互联网企业的打法也是如此，滴滴刚起步时，不惜烧钱吸引用户的事情想必很多人记忆犹新。美团和饿了么竞争，也有过多次不惜血本争取顾客的举动。它们并非不明智，而是明白新的商业时代，只有先拥有顾客，才能最终实现利润。为了创造顾客，前期投入大量的资金是值得且必要的。

先有粉丝，后有经济

在过去，"粉丝"一词常被定义为仅对明星、艺人怀有崇拜之情的群体，这一定义放在互联网时代来讲显得过于狭隘了。如今，在商业领域，"粉丝"已演变为那些对特定产品或特定公司情有独钟的拥趸。

粉丝经济随之应运而生，这一概念源自美国，它涵盖了基于粉丝与被关注者之间关系所展开的各类经营性创收活动。曾经，粉丝经济指的是粉丝们为偶像的演唱会、CD、电影以及代言产品买单；而现在，其内涵已拓展至粉丝为其喜欢的公司、产品，甚至是公众号等进行的消费行为，且这一消费潜力不容小觑。

那么，企业如何培育粉丝和粉丝经济呢？那就需要企业做到以消费者为核心，让其来主导营销进程，与消费者建立起深厚的情感纽带，引发情感共鸣，使其与企业的产品、服务乃至企业老板紧密相连。毕竟，粉丝经济的核心要素是情绪资本。在移动互联网蓬勃发展的今天，消费者可以在网上购买到各类商品，企业产品积压现象屡见不鲜，如果还靠以前的"低价、折扣"等传统手段吸引顾客，简单粗暴的价格战不仅效果不尽如人意，还会给企业带来损失。在这种情况下，凭借粉丝的忠诚度与高黏性来打造粉丝经济，便成为企业突围的绝佳路径。

苹果公司成功的秘诀之一便是乔布斯在世时为其培育了一大批忠实粉丝。甚至有人戏言，这些粉丝对苹果的痴迷程度之深，达到了即便它们推出马桶产品，也会引发粉丝的争相抢购。

在中国，粉丝经济同样大放异彩。最典型的例子就是小米。自创立以来，小米通过各种方式成功为自己培养了数十万粉丝群。凭借粉丝的忠诚和黏性，小米从单一的手机业务发展到了多元化的商品矩阵。早在2013年,小米手机在国内电商的"双十一"狂欢节中就尝到了粉丝经济的甜头。当年整个"双十一",小米的销售额达到5.5亿元。为了和粉丝深度互动,小米还专门设立了"米粉节"。在米粉节上,小米实现了圈粉与销售的完美双赢。

当下,人们纷纷认为电商已进入3.0时代。电商1.0是以搜索为核心,例如淘宝网主要依靠搜索实现流量变现;电商2.0则以流量为重心,网民数量的迅速增长造就了流量的繁荣,擅于做活动的企业便能抢占足够的流量,从而取得成功;而电商3.0时代则是以粉丝为核心的时代,企业只有打造出忠诚的粉丝群体,方能在市场中开疆拓土。

企业要想培育粉丝,优质且具有吸引力的产品或服务是基石,就像一幢大厦的地基一样重要,因为这是最根本的东西。在此基础上,企业与消费者开展积极互动,筑牢情感根基。在移动互联网的时代,企业与消费者间的交流互动频繁且形式多样,形成了独特的"朋友圈"。而精心维系这一"朋友圈",正是企业圈粉的关键环节。

一般来讲,粉丝的养成经历着从表面接触到亲密融合的过程。第一阶段，双方只是彼此的旁观者，仅处于互相知道的层面；第二阶段，双方开启了初步的互动交流；第三阶段，彼此开始向对方敞开心扉，分享信息和感情，到了这一阶段，忠诚度高且黏性强的粉丝群体便大致成型。

基于此，企业要多和顾客互动。当下，众多企业纷纷搭建起自己的网站、公众号、微博账号等平台，与消费者实现深度接触。若能借助这些平台加速企业与用户之间开放自我、分享信息与感情的进程，便能有效维系粉丝的情感纽带。小米的粉丝经济便是生动范例，它依靠微博、微信、论坛等平台，实时与消费者进行沟通，邀请消费者参与产品的开发与设计，同时借助创始人雷军的个人魅力加持，成功将普通用户转化为企业忠实的粉丝，为自身的快速崛起奠定了坚实的基础。

从另一个角度来讲，粉丝经济其实也是一种营销手段。只不过，企业间的粉丝经济营销，更像是在"朋友圈"内展开的交流互动，将企业与用户的关系巧妙转化为一种人际关系的精心维护，而这将是现代企业不可或缺的关键环节。毕竟，唯有先培育出粉丝群体，方能催生出可观的经济价值。

不要打价格战，而要打负价格战

以前，企业的发展模式是自己一点点地壮大，而这需要很长的时间周期，几年、十几年甚至几十年都有可能。放在现在，这显然太慢了。于是，商界又产生了一种新的商业模式，那就是在企业前期"烧钱"圈用户，吸引投资，快速度过初创阶段的漫长发展周期，甚至一上来就达到一个高点，这就是打负价格战，也叫资本模式。

综合现阶段的各种情况来看，显然资本模式已经成为主流。从某种意义上来说，同样的产品，用户都是喜欢优惠力度更大，甚至对自己还有好处的一方。"烧钱"就是看准用户的这个心理，用免费甚至补贴的方式来圈用户，如果这家企业的产品或服务的确抓住了用户的痛点，让用户欲罢不能，那么企业的钱就没有白烧，他们很快会留住用户，甚至形成一批粉丝，这样一来，他们的流量就起来了，吸引资本就更加容易，于是他们继续布局、继续融资，靠烧钱烧出以前企业需要几十年打拼的局面，那么他们就赢了。

打负价格战，便是用"烧钱"拉近企业现在与未来的距离的捷径。以零售企业为例，一家不依赖"烧钱"策略的企业，只能一家一家地积累开店，有可能花费十几年才能拓展几十家门店，而且还要保证每一家分店都能盈利。相较之下，资本运作模式的企业，或许能在短短一年内便开设上百家店铺，短时间就超越前者，且规模更为庞大。苏宁便是典型的例证，仅用了三年时间就开了15000家店铺，这在很大程度上得益于"烧钱"策略带来的优势。

近年来，众多企业凭借负价格战突出重围的案例屡见不鲜。当年快的和滴滴的烧钱大战至今令人印象深刻。这两家公司都是在2012年左右成立。创业初期，因为缺乏资本注入，双方都小心翼翼，不敢求快，只是求稳。

然而，随着资本的纷纷涌入，资金充裕的两家公司随即拉开了补贴大战的序幕。滴滴给司机一分回馈，快的就回馈两分。滴滴补贴用户十元，快的就补贴十二元。双方你争我夺，这场负价格战越打越凶猛。硬碰硬的补贴让两家公司在一年内就烧掉了数十亿资金，单天曾最多烧掉4000万。尽管最终快的被并购，但其在这场战斗中也展现出强者风范。

试想，如果滴滴在获得融资后，未采取对司机和用户进行补贴的方式，其在市场上的份额微乎其微，也无异于向快的低头认输。经历一番大浪淘沙般的洗牌，那些未曾积极争取的公司甚至来不及崭露头角，便被淹没在商海之中。一将功成万骨枯，资本的力量总是如此强大又残酷，让你烧钱烧到心疼，看到自身的成长时又满心欢喜。

那么，为什么企业会乐此不疲地发动负价格战呢？

原因在于，每一个新鲜事物的诞生，都具有时效性。以滴滴打车软件为例，如果三五年内都没能发展起来并形成规模，很可能就会被其他软件在短时间内取而代之。节约时间便等同于变相提升了其本身的价值。这就是花钱买时间，而时间最终会回赠你更多收益的道理所在。

对此，滴滴出行运营总监黄宇在《滴滴的运营》一书中明确表示，滴滴当初采取补贴策略的目的首先是培养用户的习惯，教育市场；其次是提高老用户的活跃度和留存率，最后则是营造口碑，吸引新用户。

由此可见，负价格战并不是盲目之举，从表面上看，公司似乎在亏损，但从长远角度来看，企业却获得了实实在在的利益。有的企业有着非常明确的后向变现手段，只要用户规模达到了一定量级，盈利就是板上钉钉的事。

从另一个角度来看，负价格战的烧钱模式还有一个好处，那就是在有了资本的支撑下，企业就有了试错的机会，可以暂时不考虑眼前的盈利，而将目光聚焦于未来的发展。这便是京东长期未盈利，但市值却高达数百亿美元的奥秘所在。

当然，负价格战的烧钱模式要取得成功，其产品和服务必须具备良好的用户体验，能精准抓住用户的痛点。在负价格战中，有胜出的企业，自然也有倒下的企业。这些企业之所以倒下，并不是因为钱烧得不够多，根本原因在于它们的产品和服务在用户心中站不住脚，因此无法形成粉丝群体。最终，成也萧何，败也萧何，用户因为一时的实惠而聚集，当实惠不在或有其他企业加入竞争时，用户便会自然而然地抛弃它们。

唯有利他，才能利己

传统观念认为，商业就是"利己"的，"利他"无从谈起。也因此，很久以来，企业的目的也是讲究利润最大化。米尔顿·弗里德曼曾在著作《资本主义与自由》中说过这样的话：企业的唯一社会责任就是为股东创造价值，除此以外，做其他任何事情都是在浪费钱。

不得不说，在以前的很长一段时期，这确实是至理名言。但是现在，商业社会已经发生了巨大的变化，传统的利己思想已经越来越不合时宜。商业社会和互联网的发展，让以卖家为中心的时代变成了以买家为中心。而这个时候，各个企业都会想办法争取顾客，形成粉丝群体。

消费者为何要成为你的粉丝？那还不是看你能不能争取到消费者的心？而要做到这一点，利他是最重要的途径。

现代商业社会是现实的，有这么一句经典的总结，叫"得人心者得天下"。确实如此，人心向你，财自道生。你心中有消费者，消费者心中自然就会有你。

因此，企业只有依靠利他，才能建立长久的事业。举个例子，一个开面馆的商人，如果只知道利己，不知道利他，面做得不好吃，那消费者也不会买账。久而久之，他最终只能关张大吉了。相反，如果他保持利他的思想，将面做得非常好吃，消费者自然会时常光顾，他也能获得实实在在的收益。

洛克菲勒买地的故事，就很能说明这一点。

当时二战刚刚结束，美国、英国、法国等几个战胜国经过磋商，决定成立联合国。不过，让战胜国头疼的是，要建立一个联合国总部，在全世界范围内竟然难以找到一块合适之地。

洛克菲勒知道消息后，立即出资870万美元，在纽约买下一块地无偿捐献给联合国。当时很多大财团都对洛克菲勒此举感到吃惊不已。战后的870万美元可不是一个小数目。

然而，洛克菲勒不为所动，坚持先利他。结果当然出人意料，联合国总部大楼建成以后，四周地价猛涨，洛克菲勒家族也凭此获得了滚滚财富。他的利他最终也成就了利己。

唯有利他，才能利己。爱德华·弗里曼在其著作《战略管理——利益相关者方法》中也提到过。他提出"利益相关者"的概念，强调企业不仅要保证自己的利益，也要保证客户、员工、供应商、合作伙伴、社区、环境和整个社会的利益。

因此，利他，从广义上来说，不只是让消费者得利，也包括让客户、员工、供应商、合作伙伴、社区、环境和整个社会得利。

其实这一点，现在的很多企业家已经认识到了。稻盛和夫在京瓷公司中一直遵循"敬天爱人"的思想。"敬天"就是要遵循自然规律，尊重道德和人性，不要因为追求短期的利益而去破坏自然生态系统，失去人性最基本的道德底线。"爱人"就是要爱你的员工、爱你的顾客，以及爱你所处的这个社会。

马云也曾说："以前我们做企业以自己为中心，未来新经济是以别人为中心、以客户为中心、以员工为中心。让员工比你强大，这是未来最重要的，因为员工是未来创新的源泉。而且，互联网思维就是要从以自己为中心变成以他人为中心，以服务变成体验，强调开放、透明、分享和承担责任，这才是未来互联网的思考。"

因此，企业肩负的使命绝非仅是追逐盈利，盈利不过是维系企业可持续发展的手段之一，而不是终极目标。企业应该致力于创造顾客满意，助力构建一个让社会全体成员都能畅享健康与幸福的经济体。换句话说，企业不仅要创造财富，还应该为社会创造价值，积极履行社会责任。就像稻盛和夫说的那样"自利则生，利他则久"，自利要求企业多做一些有意义、有价值的事，利他要求企业要从别人和利益相关者的角度出发，多给别人提供帮助，以自己的力量来恩泽社会。

第三章

唯逆向方可盈利

在商业社会发生巨大变化的今天，盈利作为商业实体的核心追求，依然是其生存与发展的关键所在。然而，传统的正向盈利模式似乎正遭遇瓶颈，其路径是越走越窄。与此同时，逆向盈利却焕发出了勃勃生机。事实正在告诉我们，只有秉持逆向思维，方能走在盈利的康庄大道上。

正向盈利结束，逆向盈利到来

自古以来，企业的经营都围绕着"盈利"二字展开。然而，盈利模式并不单一，可分为正向盈利和逆向盈利。

正向盈利，是商业社会数千年来一直遵循的传统逻辑。其以产品为中心，产品是盈利的载体，通过产品实现利润最大化。而逆向盈利则以人为核心，侧重于商业模式的构建，旨在获取充足的现金流。

正向盈利和逆向盈利适用于不同的利润期。我将企业的利润分为暴利、微利、无利三种类型。暴利期，企业通过售卖产品或服务可获得丰厚的利润，这在商业1.0时代较为常见。这一时期，企业生产产品的成本低，竞争对手也少，市场处于求大于供的阶段，基本上企业可以随心所欲地开展业务。

微利期，企业利润有所降低，但还不至于无利，只不过利润很小。商业2.0、3.0时代多数企业处于此阶段。这一时期，随着竞争的加剧，企业产品利润逐渐被压缩，市场供需关系逆转，盈利变得愈发艰难。

无利期，企业产品或服务本身无利润可言，企业得靠其他手段实现盈利。在互联网时代，传统企业受到巨大冲击，跨界竞争、电商模式等层出不穷，企业无利性愈发明显。这一时期，市场竞争变得尤为激烈，企业为抢占市场，不惜降低利润，甚至开展无利可图的业务。

从三种盈利能力来看，暴利期采用正向盈利无可厚非；微利期，企业继续坚持正向盈利，如能向逆向盈利转变，也不失为企业的一个优化手段；无利期，则唯有逆向盈利才能突破困境。无利期意味着正向以产品促利润的道路被堵死，企业需在商业模式上寻求变革，转向逆向盈利。

例如，当企业的利润很小时，为追求利润最大化，可尝试降低成本、提高收入、加大投资三种方式。但在激烈竞争下，降低成本、提高收入是很难实现的，企业只能追加投资以扩大生产规模、摊薄成本。然而，投资额上升，成本还没摊薄，现金流却先紧张了，生意看似越做越大，实则越来越缺现金，还是没有找到出路。

此时，逆向盈利的优势便凸显出来了。比如，企业可以通过一个产品跑量，积累庞大的用户数据，培育粉丝群体，增强用户黏性，再通过其他产品来实现盈利。例如，腾讯的QQ是无利的，却在积累用户群后，通过衍生的QQ皮肤等实现盈利。

综上所述，现在这个时代，正是逆向盈利大行其道的时代。毕竟，正向盈利在数几千年的商业社会中已消耗殆尽其优势，社会发展促使商业逻辑发生了巨变，企业要想生存，要想活下去，传统的道路已经不再适用，只有创新，从侧面甚至折回寻找出口，即逆向盈利。

当然，无论是正向盈利还是逆向盈利，企业终究要回归盈利本质，这是商业永恒不变的逻辑。只是，盈利的方向已经发生了转变。

逆向是一种思维，盈利是一套系统

互联网时代孕育出了著名的互联网思维。它是指在互联网的大环境下，商业人士需要根据互联网的诸多特征，如互联网+、大数据、云计算等，对商业社会中的市场、用户、产品、企业价值链以及商业生态进行全面而深入地重新审视与思考，形成一种全新的思维范式。

自百度公司创始人李彦宏率先提出互联网思维这一概念以来，它便在商业领域掀起了一场巨变，衍生出了用户思维、简约思维、极致思维、迭代思维、流量思维、社会化思维、大数据思维、平台思维、跨界思维等九大细分思维。小米创始人雷军提出的"七字诀",便是互联网思维在实践中的生动诠释。

同样地,对市场、用户、产品、企业价值链、商业生态等要素进行逆向思考,也是一种极具价值的思维模式。《孙子兵法》中说"以正合,以奇胜",其中的"出其不意"就是逆向思维的精髓所在。

在诸多情境下,当正向思维难以寻得突破口时,逆向思维便能大放异彩。人们在解决问题时,一般都习惯于用熟悉的常规思维去思考,这就是正向思维。虽然有些时候正向思维能解决问题,但在另一些时候,正向思维往往难以给出答案,而逆向思考却能轻而易举地解决难题。

有一个小故事,说的是一个商人因为家中有财,每次出门都担心家中被盗,想买一只藏獒来看家护院,又觉得花费过高。经过一番深思熟虑,他想到了一个办法,那就是将家中的Wi-Fi设置为无密码状态,然后便放心大胆地出门了。结果,经常有人捧着手机蹲在他家附近蹭Wi-Fi,小偷自然不敢轻易光顾了。

这虽然只是一个笑话,却深刻地揭示了逆向思考的巨大魅力。它有时能为我们解决棘手问题，而且其得出的方法简单又高效。

逆向盈利便是逆向思维在商业盈利领域的生动体现。作为企业的掌舵人，不仅要精通正向思维，更要学会逆向思维，如此才能在商业竞争中立于不败之地。

老板，本质上也是一个岗位，其核心职责便是思考契合企业发展的商业模式，为企业找到持续稳定的盈利增长点，实现企业现金流和公司估值的最大化。

因此，老板的思维模式至关重要，逆向思考在其中扮演着不可或缺的角色。尤其是在盈利的问题上，如果能找到逆向盈利的路径，企业便找到了这个商业时代的生存之本。

逆向盈利正是有别于传统正向盈利的思维模式，它要求以模式为中心，讲究利润不是钱，现金流才是钱。

当然，盈利并不是简单的公式与定理能够概括的，从特征上来说，它至少涵盖以下三点：其一，商业模式的成功往往是产品和服务独特性的巧妙组合，这种组合可以是向用户提供额外价值，也可以是让用户以更低的价格来获得同等利益，或者是用同等的价格来获得更多的利益；其二，商业社会中，他人成功的商业模式通常难以复制，老板必须结合自身实际情况，确立自己的与众不同；其三，成功的商业模式必须脚踏实地，稍有不慎，就可能偏航，无法达到预期的效果。

因此，老板们首先要看看自己对市场的理解是否到位，并找到能精准把握市场运行规律的利器，再根据企业的实际情况，从交易、策略、营销、投融资等多个维度全方面布局，才能最终走到逆向盈利的轨道上来。

选择商业模式的关键要素

对于现今的商界而言，商业模式已然是一个高频词汇。尽管人们频繁提及，但仍有不少人对商业模式不甚了解。众多创业者便是其中的典型，他们或许已经创业了一段时间，却对商业模式的认识仍是模糊的。

所谓商业模式，是一种包含了一系列要素及其关系的概念性工具，用以阐明企业的商业逻辑。它包含了很多关键要素，诸如企业的价值主张、目标消费者群体、分销渠道、客户关系、价值配置、成本结构、收入模型等。简而言之，商业模式就是一个企业如何做才能满足消费者的需求并实现自身盈利的体系架构。

那么，选择一个适合自己的商业模式有哪些关键要素呢？

首先，好的商业模式应该是能为用户解决痛点，为用户创造价值的。现在市场上比较流行共享经济、免费经济，其实都是建立在为用户解决痛点、为用户创造价值这一基础上的。

以奇虎360为例，在其出现之前，杀毒软件都是付费产品。但是，奇虎360却推出完全免费且不附加任何广告的杀毒软件，此举打得传统杀毒软件厂商猝不及防。当时，很多人认为奇虎360的模式行不通，谁知道它却凭借免费杀毒软件迅速占领市场，最终跻身中国互联网巨头之列。

奇虎360的商业模式就是先用免费又好用的产品占领市场，当市场和用户群体稳定后，再推广其他收费产品，从而实现盈利。

其次，企业需要具备明确的盈利模式。是像奇虎360那样先免费积累用户后再收费，还是像共享单车那样靠收取用户的使用费及提供周边服务盈利？盈利模式是企业获利的核心途径，关系着企业的生存与核心价值。任何企业都是以盈利为存在之本，若不谈盈利，就难以正常经营。

企业要找到好的盈利模式需要考虑三个方面：一是利润源，即客户群在哪儿，规模有多大；二是利润点，评估产品或服务是否真正为客户解决问题；三是盈利方法，即将产品或服务转化为利润的各类商业手段。

再次，企业的业务系统至关重要。所谓业务系统，就是企业能将产品或服务推向市场并实现商业价值与利润的保障系统，涉及众多利益相关者。它是企业产品实现商业价值并获取利润的关键支撑。

最后，现金流亦是关键要素。现在的商业市场竞争激烈、环境残酷。在如此残酷的商业环境中，充足的现金流是企业生存的最大保障，企业一定要保证有足够的现金流，避免因资金问题陷入困境。

除了上述要素，企业商业模式的关键要素还包括企业资源与生产过程等，即企业需具备支持实现客户价值主张的生产经营过程。

当然，不同的企业有不同的商业模式，企业要构建自身商业模式时，需依据自身的实际情况定制，共享、免费虽是大趋势，但细节之处必须立足自身，切忌盲目照搬所谓的成功商业模式。同样的商业模式，在其他企业或许大获成功，但要拿来己用，很可能导致失败。因为每个企业的发展路径、优劣势、需求各不相同，所打造的方案也必然有差异。这正是企业界常说"一千个企业，就有一千种商业模式"的根源所在。

规划企业新的盈利途径

企业都希望走上盈利的康庄大道，然而现实情况却颇为残酷，许多企业在不知不觉中走向了相反的方向，陷入亏损的泥沼。

实际上，企业盈利的途径有很多。尤其是在现在互联网引发商业格局急剧变革的时代，诸多前所未有的盈利模式纷纷涌现。因此，每一位企业老板都应该思考："我的企业能不能找到一条最适合的盈利之路呢？"

为了帮助老板们解决这一问题，我在这里列举了几种新颖的企业盈利途径，供大家参考。

第一种，产品盈利

产品盈利，顾名思义是从产品上找到盈利模式。这里我们可以参考一下格兰仕微波炉的策略。格兰仕微波炉的市场份额巨大，占到世界的70%~80%。格兰仕的成功被称为是"价格屠夫"，因为它们的产品每隔一段时间就会降价。这背后是格兰仕不断升级流程、提高管理水平，通过优化内部各项优势来降低产品生产成本。成本降低后，格兰仕并未追求利润最大化，而是选择降低产品价格，让消费者真切地感受到物超所值。由此可见，产品盈利关键不是单纯降低成本以谋取自身暴利，而是通过成本控制让消费者在购买时感到物超所值，从而实现盈利。其核心在于将成本压至最低，以极具吸引力的价格赢得市场。

第二种，品牌盈利

品牌盈利的核心在于持续提升产品的附加价值。这就好比LV的包包，其品牌认知度极高，价格也很贵。但是，它的成本却相对较低。LV之所以售价高昂，是因为它的品牌值钱。对于这类企业而言，品牌就是独立的产品，其盈利模式可概括为"买品牌送产品"。如果一个企业要靠品牌盈利，那么做品牌时就要跳出产品本身，从品牌建设的角度来思考问题，赋予品牌更高的价值，如此便能有效实现盈利。

第三种，模式盈利

模式盈利也可以说是隐性盈利，它的秘诀是把看得见的钱分掉，转而赚取产品背后看不到的钱。以互联网电视企业为例，其销售的电视机本身并不盈利，甚至处于亏损状态。但是，当用户将电视机买回家后，会发现观看电影、综艺节目大多需要付费，免费的很少，用户不得不掏钱。而这部分付费收入，才是企业真正的盈利所在。

第四种，系统盈利

系统盈利就是要利用自己正确有效的系统，如先进的管理体系、资源整合能力等，吸引其他商家与自己合作，进而实现利润分成。例如，某酒店拥有一套成熟的管理体系，就可以与其他酒店进行合作谈判，凭借自身系统的优越性以及庞大的资源，为合作酒店导入管理系统，引导会员入住，并从中获取一定比例的提成。因此，系统盈利简单来说就是整合各方资源，实现互利共赢，从而获取盈利的盈利方式。

第五种，资源盈利

资源盈利的核心在于垄断特定资源，构筑竞争壁垒，让别人无法竞争。例如东阿阿胶在阿胶产业这一块有着先天的地域优势，占据了先天的垄断地位，使得别的企业想竞争很难。

第六种，收租盈利

这里的"收租"不是传统意义上的收房租，而是指出租知识产权、版权等无形资产。以视觉中国为例，它是一个庞大的图片提供公司，其商业模式是先买断图片的版权，当其他企业或个人想要将这些图片用于商业目的时，就必须向视觉中国支付使用费，视觉中国从每张图片中都能赚取可观的利润。

第七种，金融盈利

金融盈利也可以称为银行盈利，也就是如银行一样利用金融杠杆实现盈利。举例来说，一位老板在银行存了800万元，每年可获得5万元利息；而另一位老板向银行贷款800万元，需支付给银行20万元利息。银行在这笔交易中，通过存贷利差赚取了15万元。更有甚者，银行只需开具一张承兑汇票，凭借其强大的信用背书，贷款人可利用该汇票开展商业活动。对于银行来说，这笔钱并没有真正支付，却开始产生利息了。金融盈利的特点是成本相对固定，但产生的收益却极为可观。

第八种，生态盈利

生态盈利就是打造一个完整的商业生态圈，让人们的所有消费都在这个生态圈里完成。以阿里巴巴为例，它已发展成为一个庞大的商业帝国，消费者可以在平台上买到所需的各种商品。这种模式形成了一个封闭且完整的生态圈，将一群消费者锁定其中，然后无限次地向他们销售各种商品，从而获得持续的利润。

以上所述便是当下这个新商业时代可能出现的几种盈利方式。每一位老板都应该认真思考，结合自身的实际情况，寻找并规划出最适合自己的盈利模式。这才是正确的做法，而不是陷在传统的盈利观念中永远无法自拔。

设计企业新的盈利点

这是一个大众创业、万众创新的时代，各类企业如同雨后春笋般冒出头来。但是，在这众多的企业之中，真正能做到盈利的并不多，有的企业发展了几年也没走出"赔本"的死胡同，究其原因是大多数企业没有真正找到自己的盈利点。

前面我们讲了如今这个时代企业应有的几种盈利途径，具体要采取哪一种模式，是需要老板结合企业的实际情况做深度思考的。

在探索企业新的盈利点设计过程中，有一套通用的步骤，值得每一位老板深入研究与实践。

首先，企业必须要找到自己的客户是谁，找到你真正想服务的人群。深入了解你的目标客户的消费偏好并思考未来这些偏好会发生的改变，以便提前布局，满足客户不断演进的需求。

其次，企业要思考如何为客户创造更多价值。这要求企业仔细剖析客户在消费前、消费中、消费后三个阶段的潜在价值增长点，深度挖掘客户心理在产品或服务使用过程中会发生的微妙变化，从而精准把握为客户增值的关键环节。

紧接着，企业要解决如何吸引客户选择你的产品或服务这一核心问题。如果你的实力不行，可选择错位经营，专注于那些市场上独一无二的领域，打造差异化竞争优势；如果企业实力雄厚，不怕竞争，则可采取就对位经营策略，直面市场挑战。

再次，商业模式的选择环节。商业模式不等于产品。就产品而言，产品形态是可以向别家公司借鉴的，而商业模式则不行，它必须要有创新。如果你要构建一套新的商业模式，应确保其相较于传统的商业模式形态更为简便、高效、省时间、省成本。

最后，分析自己的竞争对手。分析竞争对手的产品和商业模式，这不仅是优化自身商业模式的有效手段，还能帮助企业提前洞察行业的发展趋势，精准抢占下一个行业风口，为全新的盈利增长点赢得先机。

其实，每一个盈利模式我们都可以做出很多创新来。例如，我们上面讲到的模式盈利。在这里，企业的产品就不是用来挣钱的，而是用来引流的，它是一个为企业导流的窗口。在引流方式上，企业完全可以自主发挥，如小米电视巧妙运用广告、付费会员、电视购物等各种模式盈利手段。我们坚信，聪明的老板们一定可以思考出更多的模式盈利手段。

即便是传统行业如超市，也可以设计出一些全新的盈利点。例如，美国的好市多连锁超市便是绝佳范例。这家超市的生意非常好，顾客几乎随时都在排队。它为什么这么火？相关数据显示，全球最大的平价超市沃尔玛的毛利率为25%，而好市多仅为11%，这一显著差异正是其吸引顾客的关键所在。

尽管好市多超市的毛利率较低，但盈利状况却十分可观，其盈利秘诀并不在于产品售卖，它的产品售价仅能覆盖运营成本，真正的利润来源是后端的会员费。好市多在美国有5000多万会员，仅会员费收入就高达30亿美元。

由此可见，盈利途径和盈利点无处不在，关键在于我们是否找到适合自身企业特质的有效盈利方式。因此，企业必须不断审视、创新盈利模式，只有这样，方能立于不败之地。

第四章

解密逆向商业模式

由逆向思维进化而来的逆向商业模式，究竟是什么？我们需要关注的点在哪里？要弄懂这些问题，我们就要在商业模式上下功夫，把一些正向的方式逆过来，找到企业重生的出口和方向。

企业独特的DNA是什么

DNA，在生物学上是指基因，说的是一种信息，它能完整地记录生物即将生成的模样和所具备的各项功能，它是生命延续和发展的保证。

世界上的生物都有自己的DNA，而企业要想生存和发展，从理论上讲，也需要有一个DNA，企业的商业模式同样有自己独特的DNA。

在上一章中，我们探讨了选择商业模式的几个关键要素。但从实践中来体会，我发现商业模式还有一些独特的基因，而且这些基因都是与利润有关的，如果企业不了解这些基因，便难以走上盈利之路。

这些基因主要包括以下几点：

资源

资源包括自然资源、社会资源、组织资源等。在这些资源中，有的是大自然的馈赠，有的是人类的创新。任何企业都有自身独特的资源，而企业要做的就是借助商业模式，将资源优势转化为经济优势，从而实现资源价值的最大化。

定位

定位是企业经营的核心。美国营销大师特劳特说："所谓定位，就是企业行为如何与顾客的需求精准对接。例如产品或服务的价格要与为顾客所带来的感觉（价值）相匹配，并得到顾客的认可。"企业一旦确定了定位，其所有经营活动、决策及执行都应围绕这个定位进行，并以此发展自己的品牌。当然，定位必须与企业的习惯、概念、渠道和价值保持一致性。当然，定位并不是一成不变的。随着时代的发展，企业也需要根据形势进行"再定位",以适应不断变化的市场环境。

创新

世界上唯一不变的就是变。唯有创新才能发展,是这个商业社会不变的逻辑。企业要创新就要围绕自己的定位,挖掘出与众不同的特色,生产独具匠心的产品,提供别具一格的服务。创新是企业应对市场竞争的必然选择。过去,创新靠的是个人,如今则更多依靠的是团队协作。企业应充分发挥集体智慧,为创新提供坚实的保障。并且,企业要支持员工创新,尤其是自下而上的创新以及一线生产、销售人员的建议。因为这些源自基层的想法和创新,可能才是最有价值的。

产品、服务

企业存在的根本就是为顾客提供某种产品或服务。在这个世界上,不管是排名第一的公司,还是普通企业,都不存在完美的产品或服务。谁要是说自己的产品或服务已经做到了极致,那它离倒闭也就不远了。企业要做的,就是持续不断地改进自己的产品或服务,满足顾客更新、更高的要求,从而在市场中保持竞争力。

形象

形象通常与企业的品牌紧密相连。俗话说"人靠衣装，佛靠金装"，良好的企业形象能够给顾客带来积极的第一印象，是品牌建设的重要组成部分。企业塑造形象，应从企业理念、视觉形象和行为规范三个方面来入手来进行全方位规划。

知行

王阳明提出的"知行合一"的理念，同样适用于企业。企业不仅要具备正确的认识，更要付诸实际行动，将知与行有机统一起来。我们深知，唯有利他，才能利己。企业不仅要深刻认识到这一点，还要在实际行为中生动地体现出来，真心实意地为顾客谋取利益。同时，企业自身也应该心存善念，就像李嘉诚说的"财富之本，乃奉献和做人"，成功并不是先有钱，而是先有善念，以善念为根基，方能成就事业。

营销

在当下这个竞争激烈的市场环境中,有效的营销对于企业来讲至关重要。因为企业要想对市场变化做出反应,就必须有一套以市场为导向的营销机制,以此确保企业在市场中立于不败之地。市场营销并非单纯的销售产品,而是以市场需求为导向,组织生产,并通过各种有效的营销手段或活动来吸引消费者购买的过程。从另一个角度看,营销是企业的财富源泉。营销做得好,财富自然来;营销做不好,企业就会面临诸多风险。

机制

任何企业都不可能是一个松散无序的组织,必须依靠一系列机制来规范和约束,才能正常运转。机制的构建是企业高层的必修课题。能够打造出一流机制的企业,必然是行业中的佼佼者,因为一流的机制能确保产品高质量、员工行为规范有序以及企业高效运转等诸多优势。

综上所述,这些要素构成了企业商业模式的独特DNA,即便是在逆向商业模式中，这些基因同样发挥着重要作用。若要建立逆向商业模式，我们不妨先将这些DNA梳理明白，做到面面俱到，全盘考虑，从而为企业的发展奠定坚实的基础。

从商业模式开始筹划

盈利模式在商业模式中占据着至关重要的地位。如果企业想要盈利，精心打造商业模式是一个关键环节。

商业模式于企业而言就是一个通道。企业通过这个通道塑造品牌、整合资源，为顾客创造价值，进而步入良性经济循环的轨道。因此，掌握商业模式的设计与及时调整，是老板及经营者的必修课。

那么，我们应如何从商业模式入手开始筹划呢？这里提供了几个方面供大家参考。

细分市场，聚焦用户

细分市场，我们这里打个生动的比喻来阐释。想象一个人面对一块蛋糕，不管有多想吃这个蛋糕，也不可能一口吞下整块蛋糕，必须用刀将其切成小块，方能细细品尝它的美味。这些小蛋糕，就是细分出来的市场。只有把细分的市场做好了，才有望拓展至整个市场，独占鳌头。

细分市场，意味着精准定位自己最擅长的领域，将目标用户锁定在特定人群，深入研究其消费特性，针对性地进行产品推广和设计延伸。

以统一的"鲜橙多"为例。它在刚上市时，将追求健康、美丽、个性的年轻时尚女性作为自己的目标用户。为此，统一精心设计了500ml、300ml等外观精美，又适合随身携带的饮料瓶，同时"鲜橙多"的广告语"统一鲜橙多，多喝多漂亮"直击目标人群心理，其在城市开展的各类活动，也紧密围绕该群体展开，从而显著提升品牌在消费者中的知名度和美誉度。

当然，细分市场更重要的是能更快为顾客提供价值主张，市场划分得越细致，商业模式设计得便越精细。

培养和积累核心资源

企业的核心资源涵盖人脉、品牌、核心技术等，这些核心资源是企业在竞争中胜出的基石，也是抵御竞争对手入侵的重要防线。

然而，资源只有被企业充分运用于为顾客创造价值时，才能转化为核心资源。以苹果公司为例，其拥有强大的核心技术，如先进的芯片设计和操作系统。然而，这些技术本身并不能直接为企业带来竞争优势。只有当将这些技术融入iPhone等产品中，为消费者提供流畅的用户体验、强大的性能和简洁的界面时，这些技术才真正转化为核心资源。而正是这种为用户创造价值的能力，让苹果在智能手机市场脱颖而出，抵御了众多竞争对手的冲击。

这说明，企业核心资源的培育和积累至关重要。如果能根据企业的战略目标和客户需求逐步积累起核心资源，商业模式就具备了一定的价值。

梳理收入来源

收入来源是企业盈利的基础。构建一个好的商业模式，我们首先要搞清楚：顾客为什么愿意价值付费？当前顾客在为哪些价值付费？顾客的付费方式是怎样的？顾客更喜欢哪种付费方式？各收入来源对最终收入贡献了多少？

你要知道，只有清晰的收入来源，才能打造清晰的盈利体系。

打通产业链

企业本质上是设计、生产、销售、发送和辅助其产品的过程中各项活动的集合体，这些活动构成了产业链。

产业链整合要求企业从最开始的产品设计、原料采购，到生产制造、物流配送，乃至批发零售等环节实现垂直整合，打造"全产业链"模式。这对企业而言有着显著的优势，尤其是在互联网时代。例如，整合前端的供应商和物流，可以更好地控制成本；产业链整合摆脱以前低利润的制造环节的束缚，拓展利润空间，增加产品附加值，构建"平台竞争"新优势。

一般来讲，完善的商业模式应该形成闭环，如为用户创造价值——不断获得收入——借助收入打造更多更好的产品——为用户提供更高的价值，如此商业模式才具有生命力。

　　商业模式的筹划绝不是一蹴而就的，需要经营者多方尝试。创业路上经历挫折和失败在所难免，但只要用心去做、用心经营，就一定能为自己找到好的商业模式。

从封闭到开放，从自我到分享

从封闭到开放

20世纪80年代的商业社会是封闭的，企业如同一个神秘的孤岛，对外界保持着神秘感，企业的很多信息被贴上了"机密"的标签。在这样的背景下，企业的绝大部分活动在内部进行，无论是设计、研发，还是服务，外界很难窥得其门径。

然而，随着互联网时代的到来，这种"封闭"的状态彻底被打破。互联网连接一切的本质，也说明了它倡导的是一种开放式思维。开放，不仅仅要求企业摒弃神秘感，更要求企业拥有包容的心态，要能够包容对手，甚至拥抱对手。

以小米前些年开发的米聊为例，其模式有点像微信，一上线就遭到微信的强势竞争。如果在传统的商业社会，米聊和微信或许会成为水火不容的对手，小米或许会排斥微信。但小米却用了一种开放的心态，选择了全面拥抱微信，借助这个比自己还要受欢迎的平台做营销。正是这种开放的心态，为小米赢得了更多的发展机遇。

开放的心态是一个方面，另一方面，在新的商业时代，企业还需要将自己的核心竞争力打造成一个开放的平台。任何企业都可以与这个平台进行集成创新，任何企业都可以在这个平台上建立自己的大数据，以此来增强用户的体验，增强自己商业模式的竞争力。

例如，奇虎360基于对旅游行业的深度挖掘，将自己的搜索引擎打造成一个开放平台，为合作的公司提供PC与移动端的入口与导流服务。携程、艺龙与奇虎360合作以后，它们在OTA（在线旅游）里多年积累的优势，如大数据等也能在平台上得以展现。如此一来，大家优势互补，平台就变得更加富有生命力。而且，这还是一个完全开放的生态圈，旅游行业的小微企业都可以在平台上进行集成创新，从而实现互利共赢、共同盈利。

除此之外，开放还体现为一种可参与性，就是企业以用户需求为导向，吸引用户参与到自己产品的设计和完善中来。在传统的商业时代，这几乎是不敢想象的。然而在当下，这却成了最主流、最高效的生产方式。

例如，小米很多产品的开发都有用户的深度参与。小米曾成立了一个荣誉开发组，简称"荣组儿"。其成员都是忠诚的"米粉"。他们的任务就是对产品进行内测，提前试用未公布的开发版，对新系统进行评价，鉴别新版本的好坏，甚至有权力对整个社区说"不"。一旦"荣组儿"如此判定新版本时，小米的工程师们就会非常紧张，然后必定会绞尽脑汁解决问题。

以上这些都是企业应有的开放的姿态。互联网的精神本身就是开放的，开放才能赢来彼此共生，开放才会出现平等、共享、去中心化等这些新时代的特点。如今，无论是腾讯、阿里、百度，还是奇虎360、新浪微博，都秉持着开放的理念。

如今的企业，绝不能局限于单打独斗、慢慢积累资源的模式，而应思考如何拥抱他人，实现互利共生，或者打造一个开放的平台，与他人合作，共同成长。开放者与接入者之间的关系是透明的，双方深度衔接，彼此信赖。

从自我到分享

互联网时代的到来，除了为人们带来巨大的价值外，还催生了一个全新的经济业态——分享经济。

"分享经济"的概念最早由美国得克萨斯州立大学的费尔森和伊利诺伊大学的斯潘思两位教授提出。他们认为，如果有一个由第三方创建的基于信息技术的平台，个人便可以在这个平台上交换闲置物品，分享资金、知识、经验等，这种经济形态将会强有力地改变世界。简而言之，分享经济就是一种点对点经济，建立在人与物质的分享基础上，其精髓在于"我为人人，人人为我"。

分享经济具有三个主要的特征：一是标的物，即闲置的资源；二是实现方式，它是基于互联网、云计算、大数据等技术构建的供需平台；三是实现的结果，分享经济能让闲置资源产生价值，并对社会产生积极影响。

如今，分享经济已经深深融入我们的日常生活。我们熟悉的滴滴打车、饿了么和美团外卖等，都是分享经济的典型平台。早在2015年，我国参与分享经济的人数就达到了5亿，到了2019年，这一数字又猛增至10亿。我国也涌现出了越来越多以"分享"为主题的商业模式，几十个主流行业纷纷卷入其中。

从自我到分享，这一经济业态的转变不是盲目的，而是有着其必然性。毕竟和自我经济相比，分享经济有着无可比拟的优越性。

尽管在长期的发展下，以自我为主的传统经济有一套成熟的、完整的商业模式，但互联网打破了这种平衡，因为资源共享、信息共享是互联网的本质之一。因为互联网的普及，人们看到了更广阔的世界。于是，一部分人有了用少量的钱办更多的事的想法，而另一部分人也乐于出售自己的闲置资源来赚取收益，供需双方都能从中获得利益。当然，资本市场的追捧，也是让分享经济如火如荼发展的重要原因。

分享经济源于互联网，其带来的冲击很有可能超过互联网本身。它给我们提供了一种新的思维模式，在传统商业中，闲置资源经常得不到利用，而分享经济却让一切闲置被利用成为可能，它以冗余资源的再利用替代了传统的生产力。而这些资源因为本身是冗余的，所以它展现为经济形态也非常便宜，而且还不需要再生产，这都是传统经济无法做到的。过去，我们说"顾客就是上帝"，而在分享经济中，"顾客也是服务者"，顾客也是可以提供服务的，仅仅是这种思维形式的变化，就可以改变很多行业，掀起一场新的产业革命。

从这个意义上来讲，分享经济又可以说是一种互联网+生态文明的新业态经济，它是颠覆性的，是革命性的，更是人类进程中不可或缺的。

从广告到社群，从场景到数据

从广告到社群

对如今的企业来说，社群不是一个陌生的词汇。从某种意义上来说，社群已有了取代传统广告投放的味道。虽然广告还在，但它的作用及功能相较于以前已经弱化了很多。相反，社群营销逐渐崭露头角。

我们前面已经讲到，在新的商业时代，企业需要将客户变成用户，将用户变成粉丝，甚至将粉丝变成朋友，这样的企业才是具有生命力的企业。而实现这一转化链条的有效途径就是社群。

社群，就是以某一特定兴趣点为核心，将一群拥有相同需求和爱好的人聚在一起的组织形态。随着互联网的发展，网络社群逐渐崭露头角。我们熟知的微信、豆瓣、知乎等平台，都可以看成是社群的典型代表。而社群营销，则是在社群媒体的土壤中，精准聚焦于一群志同道合之人，通过产品或服务满足群体需求而产生的商业形态。

社群具有两大特点。其一，方向性。既为群，肯定不是一个个体，而是一群在诸多方面既有相似之处又各具特色的人组成。社群之所以能够凝聚成形，一定是围绕着一个共同的价值观，这个共同的价值观就会为这个群体指明前进的方向。其二，社会性。社会是由许多个体汇聚而成，有组织有规则或纪律的相互合作的生存关系的群体。社会并不等同于群体。社会与普通群体的区别在于：社会各成员之间联系紧密且具有复杂的组织结构，社会有较为健全的生存和生产职能以及明确的分工，展现出强大的环境适应能力；而"人群"只是松散、孤立的个体集合，缺乏内在的组织与联系。

简而言之，当一群人因某种缘由相互产生联系，彼此需要，遵循一致的行为规范，有密切的互动交流时，就形成了一个社群。比如拼单买东西，商家大多是用户买得越多越便宜。此时，甲乙两人各自所需的数量有限，若单独购买难以享受优惠，但若一起购买便能得到商家的优惠福利。在这一过程中，人们因为产生了组织的联结，在消费者关系之上有了一层共同利益，这形成了社群经济，整个系统的运作也会变得更加高效流畅。

过去，商家要营销，最大的可能就是投巨资做广告，但客户的忠诚度依然不高，老客户不断流失，新客户又无法有效聚拢。这时，我们就要寻求新的突破，社群营销就像是一剂良药，为商家打开全新的局面。

在互联网时代，用户已经不再只关注产品的功能，而是开始聚焦企业口碑、产品文化等精神层面的价值。当情感体验超过功能诉求，就产生了信任连接。在这种信任的驱动下，人们自行组织起来，通过口碑传播与社交分享，形成了一种病毒式的扩散效应，社群商业应运而生。当一群拥有共同品位、追求与价值观的用户在一起，他们之间的互动交流、协作感染会产生群峰效应，对产品本身产生"反哺"的价值关系。

从场景到数据

传统商业生产是从工业革命开始的，机械生产工具驱动厂商进行投资，形成技术专利和地域的垄断竞争力，为用户提供实物商品。在这个时代，用户和企业的买与卖均在实际场景中进行。

随着移动互联网时代的到来，改变了这种形式。在大数据时代，人们已经可以通过云来制造，通过移动终端来消费。数据所代表的消费者成为企业的核心竞争力之一。人们看待数据的方式，已经不再是传统的字节，而是真实存在的消费者。数据，有其动机、角色、行动和需求。

例如，在移动互联网时代，一个手机号码对应的不是一个冰冷的数据，而是一个有感情的消费者。这个号码在微信或其他平台中的一个投诉行为，需要商家慎重对待。因为稍不注意，这个号码就可能给企业带来不好的口碑，比如差评或是被拉黑。这在O2O商业模式中表现得尤为明显。

另外，在这个时代中，每个人的行为都可以用数据的方式呈现出来，甚至被可视化。因此，企业如果能对这些数据进行整合，做出用户需求预测，那必然能对自己的商业决策和基准营销提供依据。

以北美地区著名零售商百思买为例，其销售活动非常活跃。但令百思买的高管们头疼的是，它们的产品总数繁多，多达3万种，而且产品价格也会随着市场和地域的不同不断发生着变化。如此，应该如何定价呢？

百思买的高管们最终想到了应用数据。他们组成了一个11人的团队，开始分析消费者的购买记录和相关信息。百思买从数量、多样性和速度三个方面着手，先是从上千万的消费者购买记录中，对不同的客户群体进行分析，了解消费者所能接受的此款商品的最高价格，从而为产品制定出最佳价位。接着，他们利用社交媒体发帖的这种新型的非结构化的数据，统计消费者在自己专页上点赞或留言的数据，来获取消费者对自己的活动的情绪，并进行促销策略的微调。再就是他们对数据进行实时或近似实时的处理，根据消费者对某一商品的购买记录，为身处这一专柜的消费者发放优惠券，为其带来便利和惊喜。

经过一系列的数据处理和促销调整，百思买的销售额节节攀升，产生了数千万美元的利润。这就是数据的魔力。

其实，不仅是百思买，如今大多数公司能找到数据驱动的影子。例如百度，就是靠用户搜索表征的需求数据和爬虫（一种自动获取网页内容的程序）以及从其他渠道获取的公共web数据而称霸一方的。又比如阿里巴巴通过用户交易数据、用户信用数据及通过收购、投资等方式掌握的部分社交数据、移动数据，而在电商市场所向披靡……

可以说，在现在这个时代，数据已经成了企业生存的根本。如果一家企业不懂得运用大数据，不懂得其中的运作原理，必然会使企业发展滞后，处处受制于人，失去立足之本。

从专注到跨界，从平面到垂直

从专注到跨界

长久以来，商业间的竞争主要是行业内的竞争。例如，银行的竞争对手肯定是其他银行，餐馆的竞争对手肯定是其他餐馆，做服装的竞争对手肯定是其他服装企业……然而，就在一夜之间，商业间的竞争对手悄然之间发生了变化，做电商的竞争对手变成了做社交的，房地产行业的竞争对手变成了做出版的……

移动互联网时代，行业的边界被打破，以前"道不同不相为谋"的时代已经一去不复返了，"跨界求存"成为这个时代的企业生存主旋律。

之所以从专注到跨界，其原因是市场衰退、竞争加剧，又或者是有"鲶鱼"闯入，企业必须找到一个新的增长点，甚至放弃原来的核心业务做转型。当然，互联网本来就打破了行业边界的限制，这也使得跨界不再那么壁垒森严。

如今，我们可以看到很多跨界的案例。众所周知，百度是靠网络搜索起家的，奇虎360是做网络安全的，现如今，它们的业务已经拓展到汽车、导航、智能路由器等行业。再比如小米，一开始是做手机的，现在业务却拓展至电视机、电子秤，甚至汽车等，堪称跨界高手。

专注走窄路，跨界行大道。在互联网改变了行业边界的大趋势下，各个企业都举起了"跨界"的大旗。其实，现在的商业环境也是，企业间的竞争已经不单纯是产品的竞争了，更多的是商业理念和思维的竞争。企业要生存，就不能只在本行业内布局，而是要把触角延伸出去，找到新的增长点和盈利点，如此才可能有弯道超车的机会。

当然，对于初创企业而言，首先要做的还是要把本行业做好，再去思考跨界的问题。如果本行业的业务已经超越了这个业务的价值点或者行业已经饱和，那就需要寻求新的业务了。若不如此，有价值的员工就会离开，有开拓新业务能力的员工也会离开，企业会遇到瓶颈，盈利也会大幅缩水。此时，跨界就是一个极佳的解决方法。

例如，通用电气跨到绿色科技领域，仅仅三年就开创了一个百亿美元的市场。因此，一个聪明的老板必须认真审视任何一个可能带来盈利的行业，如果你有足够的实力进入这些行业，或者有足够多与众不同的产品或者商业模式，那就不需要犹豫了。

从水平到垂直

一个企业业务的拓展有水平和垂直两种。

水平拓展，就是相似业务的收购与并购，接着是类似可替代业务的开展。例如奇虎360已经从电脑管理、病毒查杀软件扩展到浏览器、网址导航、搜索引擎、云盘等产品，甚至是网页游戏等内容。

垂直拓展，就是指整合产业价值链的上下游，后向整合或者前向整合，这种模式很难，但是一旦成功就很难被破解。比如阿里的主业是电商，处于中游，它的上游有商品生产者、支付通道、卖家，下游有物流等，它向金融业和物流行业进军，就是一种垂直整合。

水平扩展是传统商家比较喜欢的方式。因为拓展的业务与本身业务有一定的相似性，容易掌控风险，管理、运营等也能找到切入点。最简单的水平扩展，例如两家超市合并，甚至基本不会有什么难题。但是，随着时代的发展，企业又需要向艰难的垂直扩展延伸。上面提及，企业如果垂直整合成功，就会形成一个坚固的壁垒，其他竞争者很难打破，这正是企业梦寐以求的事情。

在传统的商业模式中，我们以电视机为例，电视机企业生产电视机，电视内容企业生产内容，电视台做播出渠道，这几个方面是割裂开来的。然而，在这种模式中，如果某一环节的企业过于强大，对其他环节的企业就会造成威胁，它们不得不面对强大企业的"无礼"要求或者是被迫"涨价"的现实。

而垂直扩展，或者叫垂直整合，企业就可以从最开始的产品设计、原料采购，到生产制造，再到物流配送，甚至到最后的批发零售都集中在自己旗下，让自己成为"全产业链"，这对企业而言有着显著的优势，尤其是在互联网时代。例如整合前端的供应商和物流，可以更好地做出成本控制。此外，产业链整合也可以摆脱以前低利润的制造环节，拥有更多创造利润的空间，增加产品的附加值。这样，企业就构建起了"平台竞争"的新优势。

还有，垂直整合也可以提高用户的体验度，增加用户黏性。例如车辆的车联网系统，如果不整合，可能车机供应商是一家，做TSP的又是另外一家，提供服务的又是一家，三家互不统属，就可能互相推诿扯皮，导致做出的项目不尽如人意。而垂直整合后，显然不会有这样的问题。

当然，垂直整合不一定是收购兼并，也不一定是自己要新建一家工厂或建一个物流系统，以供应商为例，企业可以拿出与供应商共同成长、共同进退的决心。盲目更换供应商、加工厂是企业的大忌。有很多企业之所以取得成功，能和别人保持稳定的合作关系，就在于它能让合作者感到，和它在一起，大家做的是事业，而不是生意。

有的时候，为了掌控产业链，有企业甚至与上下游的合作伙伴签订排他协定，使这些企业专门为自己服务，而不能与其他企业达成合作意向。

其实，垂直整合的方法有很多，如果不能收购、兼并、自建，那企业着重要考虑的就是能否和合作伙伴实现双赢，或者是在哪种方式上打动产业链伙伴。具备了这样的条件，垂直整合也就算不上艰难了。

从消费到产业，从收费到免费

从消费到产业

自1995年起到前几年，消费一直是互联网发展的核心主线。互联网的兴起，深刻冲击并重塑人们的方方面面，促使消费者在诸多领域挖掘出更大的价值潜力。

然而，随着互联网向移动互联网的演进，终端设备变得越来越多样化，不仅智能终端设备迅速在人群中迅速普及，相应的云计算、大数据、人工智能等前沿技术也得到了空前的发展。这时，互联网改变的不仅是消费者个体的行为，还有各个行业，甚至整个社会。将这种情形称为"产业互联网"一点也不为过，而互联网上还有一个名词，叫作"从小C过渡到大B"。

严格来说，产业互联网是一种经济形态，依托互联网，实现企业的数字化、产业的平台化，并与消费互联网互通，是一种跨界跨网的数字生态服务网络。

产业互联网有三个基础：一是无所不在的终端，可以说现在是"一部手机走天下"，只要手机有电，人们通过这个终端就可以实现购物、消费等操作；二是强大的后台云计算能力，包括计算与存储的能力；三是不断升级的宽带网络。随着5G时代的到来，这些基础将会越来越强大，产业互联网的特性也会变得越来越明显。

产业互联网的到来，意味着社会的各个行业（制造、农业、教育、医疗、金融等）都会被互联网化，而互联网的技术、商业模式、组织方法也会成为各个行业的标配。这时，企业利用信息技术和互联网平台，充分发挥互联网在企业生产要素配置中的优化和集成作用，实现互联网与产业的深度融合，将成为企业立于不败之地的"王道"。不少商界大佬不止一次在公开场合强调："未来是产业互联网的时代。"

产业互联网对中国企业的影响是巨大的。从世界范围来看，中国的几乎所有行业在传统行业中都是后来者，而现在大多数企业又面临产能过剩、耗能过大、成本居高不下等挑战，在这种情况下用产业互联网来实现升级，或许是最好的应对办法。

2018年9月30日，腾讯对外宣布进行组织架构调整。原有的7个事业群变更为6个，其中还有2个新成立的事业群：云与智慧产业事业群、平台与内容事业群。

此次腾讯进行组织架构调整，目的就是拥抱产业互联网，它们的B端（企业或商家为工作或商业目的而使用的软件、工具或平台）业务受到更多重视。

腾讯是一个先行者，给了其他企业一个风向标的启示，那就是产业互联网一定要引起企业家们的重视，适时地进行产业互联网的升级改造，或许才是最正确的选择。

从收费到免费

曾经,"天下没有免费的午餐"被人们奉为至理名言。可现在呢,世间不仅有免费的"午餐",还有免费的"面包""馅饼"……

不过,千万不要以为"免费"是商家发"善心",商家的"免费"策略不过是为了后面的"收费"铺路而已。从某种程度上来说,它对商家和用户而言,算得上是一种双赢的商业模式。

免费模式之所以能够风靡一时,背后自有其深刻的缘由。从心理层面来说,人通常是通过理性分析和感性判断来做决策的。而免费活动很容易刺激人的感性层面,使人在放松或亢奋的状态中完成对产品的体验等活动。商家也借此完成了前营销。这时,如果人们的感觉还比较好的话,企业的产品或服务就能迅速激发用户的潜在需求,让用户要么在非理性的状态下迅速消费,要么"路转粉"(由"路人"转变为忠实的"粉丝")。而商家则借助免费和用户体验,获得口碑效应,汇聚起大量用户,便可以开展精准营销,为更细分的人群或市场提供量身定制的服务，同时向用户提供收费增值服务，从而实现盈利目标。

看，免费其本质上还是收费的，只不过它变了一种方式，走了一条弯路。不过，这条弯路却很有必要，因为有时候它收获的效果要比一上来就收费要好得多。

概括起来，免费的商业模式可以分为三种。

第一种是被商家们用得最多的体验型的免费模式。这种模式是商家将自己的产品免费提供给用户体验，在体验期结束后再行收费，或者是用户体验后再购买时收费。比如，一家化妆品公司免费给用户发放一些化妆品，让用户拿回家试一试。如果用户试用了以后觉得效果还不错，那他再想要购买时就需要付费了。体验型的免费，其作用是刺激用户的购买欲望，起到客户引流、客户对效果的认同，从而产生购买需求的目的。

第二种是转嫁型的免费商业模式。其模式就是企业先向大众提供免费服务，借此吸引大众的注意，进而对部分小众的企业产生绝对需求，随后企业就可以向这些小众企业收取费用了。例如，奇虎360最初是面向大众提供免费服务，随后才开始面向部分小众群体的商业行为，实现了从大众免费到小众收费的平稳过渡。这种模式在互联网企业中比较常见，也就是企业先对所有人群免费，以此凝聚用户群体，提升自身市场价值进而吸引第三方企业，最终向小众群体收费。

第三种是交叉型的免费商业模式。这种模式应用同样广泛。其是先用免费服务吸引了用户，使用户对产品或服务产生依赖，再让用户用消费的方式去购买企业的其他产品或升级产品。例如某网络游戏公司，游戏是免费的，但游戏中的部分道具却是收费的，这就是交叉型的免费商业模式的典型实例。

以上三种免费的商业模式并不是相互孤立的，企业可以灵活混合使用，创造出全新的免费商业模式。总之，只要最终能让企业踏上盈利的康庄大道，都是不错的商业模式。

从重资产到轻资产

企业运营模式有重资产模式和轻资产模式之分。所谓重资产，就是指企业持有的写字楼、厂房、原材料、办公设备等这些有形的固定资产；轻资产则是企业专注于核心业务，将非核心业务外包出去。

传统的生产企业大多采用重资产模式，需要企业投入大量的资金购置办公设备、自建厂房等。然而，在竞争日趋激烈的当下，重资产模式却很可能陷入投入大、盈利少、资产折旧率高的困境。相比之下，轻资产模式逐渐受到一些企业的青睐，在轻资产模式下，企业只需投入少量自有资金，主要依靠商业信用融资来维持企业的运营与扩张。相对来讲，轻资产模式的企业的风险性是比较小的。

现在，有很多企业走上了从重资产到轻资产的转型之路，那么企业如何实现轻资产呢？这里我将介绍两种策略：一是一开始就将公司设计成轻资产模式；二是随着企业的发展，重构商业模式，做到由重变轻、从重化轻。

以可口可乐为例。在20世纪初期，可口可乐利用特许经营模式与各装瓶商签下一份永久合同，规定可乐的价格并让装瓶商拥有某个地区的独家经营权。凭借这一点，可口可乐公司迅速发展壮大，其海外市场也发展得很好。

然而，随着百事可乐的崛起，可口可乐开始面临危机。当时，百事可乐在渠道上拥有很大的优势，并成功攻陷了大部分超市连锁店。可口可乐本也想在超市连锁店上发力，无奈因为与装瓶商的独家经营权有冲突，收效甚微。

到了20世纪80年代，郭思达出任可口可乐的首席执行官，开始着力改善和各装瓶商的关系。首先，可口可乐取消了可乐的固定价格，增加对自己有利的条款。其次，可口可乐开始大规模收购装瓶厂、购回特许权，对收购的装瓶厂进行改造，希望建成一个由自己控制的可口可乐系统。从这里可以看出，可口可乐走上的是一条重资产的道路。

然而，重金收购和改造工厂，让可口可乐公司背上了巨额债务。为了解决这一问题，可口可乐公司又创立了可口可乐装瓶商控股公司，把这些收购的装瓶厂分拆出去，交由可口可乐装瓶商控股公司负责。同时，可口可乐将之前的大部分债务从自己的报表中除去，转移到可口可乐装瓶商控股公司的负债表上，另将51%的股份公开上市，立即获得了10多亿美元现金。

这样，分拆出去的可口可乐装瓶商控股公司根据与可口可乐公司的合同，在特定地域内生产和销售可口可乐的产品，而可口可乐自己则定位成可乐制造商，负责生产可乐，并出售给各瓶装商，同时它还可以授权品牌，开展各项营销活动。这已经是一种轻资产模式了。

这一转变，可口可乐公司至少获得了以下利益，剥离装瓶厂这一重资产，将其出售或处置给自己带来了可观的现金流。同时，可口可乐还可以通过可口可乐装瓶商控股公司控制装瓶业的大多数业务，并得到可口可乐装瓶商控股公司的股权收益，分享盈利。要知道，这部分利润以前可是由各瓶装商独占的。此外，可口可乐公司也变成了一个现代化的且更有效的公司，对投资者来说更有吸引力了。

由此可见，一些重资产的企业如果想由重变轻，是可以通过拆分公司重资产或者软实力（品牌、管理能力等），来实现轻资产运营的。

再比如，房地产开发商如果采用重资产的模式，那就需要投入全部资金来支持项目的建设，通过出售或运作项目后才能获取收益，由此可见它前期的资金投入是无比巨大的，同时承担的风险也较高。而轻资产模式则可以将建设改为完全由外部投资者资助进行，而自己控制项目选址、设计、招商和物业管理等业务。项目投入运营以后，开发商和投资者分享利润。可以看出，这种模式开发商投入的资金较小，承担的风险也相对较小。

当然，也不是所有企业都适合轻资产运营。例如乳业，如果将奶牛养殖、奶品加工等环节拆分，就有可能造成质量失控。因此，如果是不适合轻资产运作的公司，就不必勉强，而要顺其自然。

平台：无边界多元整合资源

在当今众多的巨无霸企业中，腾讯、阿里巴巴、百度等皆赫然在列。细看它们的商业模式，虽各有不同，却也有共通之处，即它们都是平台型企业。由此可见，平台型商业模式，或者说平台战略，在当下这个商业时代是非常受青睐的。

平台型商业模式源于平台思维。所谓平台思维，就是指企业在构建商业模型的时候要用平台化的方式来操作。企业只做自己核心的部分，而将非核心的部分外包。当然，外包并不是完全外放，而是有利益捆绑。这样做，企业既可以免受非核心业务的干扰，又能专注自己的核心业务，同时还可以快速扩大规模，减少投资，融入更多资源，这就是平台化思维的精妙之处。

从本质上来说，我认为平台型商业模式算是近几十年来最大的创新了，其对企业的贡献简直可以用"无可限量"来形容。以腾讯、阿里巴巴、百度等商业巨头为例，十几年、二十年前，它们可能还是小公司，然而短短十几年之后，便成为世界颇具影响力的公司，平台模式之功，功不可没。

在当下这个商业社会，如果我们还抱着只做产品的思维来做企业，前景是非常狭窄的。最好的方式是我们从产品做到服务，再从服务做到平台。正如互联网中有句话讲的那样"小公司做产品，大公司做平台"。

在网络效应下，做好了平台的企业往往会出现规模效应递增的情况，强者甚至可以掌控全局。因为平台型商业模式中有一个重要概念，叫作网络外部性，它指的是消费边的增值性。简单点来说，就是一款商品当有越来越多的人使用时，它的扩张就会变得越来越容易。

例如，若每个人面前都有一瓶水，一个人不会因为另一个人喝了他面前的那瓶水后就觉得那个水更香甜,因为这里的水对于每个人来说都是独立的。但现在的一些产品,却是需要很多人共同使用才会发挥效力的。例如微信,如果只有一个用户,没人和他互动,他肯定会觉得非常没趣。而当使用微信的人多了,互动的乐趣增加了,微信带给用户的效用就会越来越高,就会更易吸引其他用户参与进来。所以,用户是愿意选择大平台的。这就是微信在手机社交领域会一家独大的原因了。不只微信,谷歌、安卓能赢家通吃,靠的也是这种网络外部性。

从这里我们也可以看出,平台型企业如果能在一开始就迅速锁定一批用户,那就能在行业中占据一定的竞争优势。通常,平台型企业都会有一个临界点,刚开始的时候,用户数量少,平台就没有威力,而一旦用户数量形成一定的规模,就会出现惊人的扩张速度。

在庞大用户基数与精确用户数据的支撑下,平台企业可以进一步拓展到其他产业,构建起新的商业模式,从而获得超级成本优势。因此,像微信、阿里等这些巨无霸企业,无论用户数量多寡,都不会满足,始终致力于拓展版图。

平台战略中还有一个概念，叫双边市场。所谓双边市场，即在一个产业链中，上下游的市场都做。以淘宝为例，它利用平台战略，将自己从产业链条中解放了出来，让上游（卖家）跟下游（买家）直接对接，而淘宝要做的就是掌控自己的企业生态圈，它变成了一个"收门票"的人。

平台是可以无边界多元整合资源的，你营造出来的平台参考的人越多，激励的多方群体的互动程度就越高，你的平台就越有价值。这就好比上网的企业越多，百度就越有价值；在网上做贸易的公司越多，淘宝就越有价值。这与用微信的人越多，腾讯就越有价值是一个道理。

当然，平台型商业模式并不只适用于互联网企业，线下的实体企业也完全可以构建出来。不过企业要做平台或是转型做平台，那么首先要重塑自己的价值体系，企业要舍得把自己的获利点分享出来，甚至分享给自己的竞争者。其次要重构你的价值链利益关系，你要把自己行业所处的链条都画出来，分析每个环节的痛点，然后问问自己，如果要做平台，自己需要提升哪些能力，同时排除或降低哪个环节的参与。最后要梳理业务关系，调整组织架构，以适应平台的需求。

第五章

如何从正向商业模式迈向逆向商业模式

　　毫无疑问，那些以正向商业模式为主的企业正在遭遇某种程度的困境。其实就是我们重新塑造商业模式的时候，从正向商业模式迈向逆向商业模式，是一个复杂的工程，但又是一个人人都能做到的工程，关键就是要找好突破口，懂得取舍，并且以坚强的意志进行各种资源的整合。

用对"长尾理论",发挥"蝴蝶效应"

美国《连线杂志》主编克里斯·安德森提出了长尾理论。他通过对美国几个大公司如亚马逊等的研究发现,因为成本和效率的因素,以前人们只关注重要的人或重要的事,而如果用正态分布曲线(反映随机变量分布规律的曲线)来描绘这些人或事的话,那么人们通常关心的都是这条曲线的"头部",而忽略曲线的"尾部"以及需要更多精力和成本才能关注到的人和事。

我们用一个简单的例子来说明这个问题。例如在传统商业时代，企业销售产品时，如果客户分为普通客户和VIP客户，那企业的着眼点通常会落在VIP客户上，而忽略那些实际上对企业更有价值且人数众多的普通用户。

如果说以前关注普通用户的是一件需要更多精力和成本的事，到了网络时代，这一缺陷已经被很好地弥补了。在网络时代，企业关注用户的成本大大降低，因此企业可以用很低的成本来关注正态分布曲线的"尾部"，而事实情况也是，关注"尾部"的效益远远大于关注"头部"的效益。因此可以说，互联网时代是到了企业关注"尾部"，发挥"尾部效应"的时候了。

用对长尾理论，能够让大量的普通用户参与进来，从而带来巨大的盈利空间。例如淘宝，它其实没有一个大客户，却拥有大量的小客户。各式各样的小客户共同构成了淘宝这个庞大的"集贸市场"，为其带来了滚滚财源。

由此可见，正确运用长尾理论，便能产生蝴蝶效应般的惊人结果。蝴蝶效应源于一种自然现象，即一只南美洲亚马逊河流域热带雨林中的蝴蝶，偶尔轻轻扇动几下翅膀，两周后，远在美国的得克萨斯州就有可能因此引发一场龙卷风。

长尾理论亦是如此，如果企业搭建的平台足够好，能充分吸引用户且提供极佳的体验，便会引发巨大的连锁反应，像淘宝、微信就是这么起来的。

在世界型企业中，谷歌是一个比较典型的"长尾"型公司。它的成长历程可以看作是将广告商的"长尾"商业化的典范。在谷歌出现之前，美国众多的小企业或者个人难以投放广告，不仅因广告商收费昂贵，还因广告商不屑承接它们的业务。但是，谷歌改变了这一局面，它们用低廉的价格吸引小企业或个人在自己的站点投放广告，成功吸引了庞大的小企业和个人群体。

如今，谷歌大部分收入来自那些小网站，而不是搜索结果中的广告。数以百万计的中小企业构成了一个巨大的长尾市场，谷歌正是精准把握并充分利用了这一点，才成就了今日的辉煌。

由此不难看出，长尾理论对企业的重要性。从本质上讲，长尾理论是对二八理论的一种颠覆。过去，我们说企业80%的利润来源于20%的重要客户，因此要去维护好这些重要客户。但长尾理论却告诉我们在某些情况下，80%的利润可能确实就发生在80%的小众客户上,那些原先被我们忽视的客户,凭借其庞大的数量基数,反而更容易为企业带来巨额利润。

再举个例子。假如你家里的电视机遥控器坏了,若前往小区维修电器的商铺更换,很有可能会被告知因为这款电视机已经不生产了,所以没有相同型号的遥控器可售。而如果你去网上搜索,十有八九能找到售卖这款遥控器的商家。这背后正是线下商铺和线上商家所遵循的商业理论。线下商铺遵循二八理论,因为你的遥控器使用人数少,太小众,所以商铺便不售卖了。而线上商家因为不受地域限制,专注于小众市场,边际成本极低,遵循长尾理论,所以能售卖这款遥控器。

在互联网带来的商业变革中,一个不容忽视的趋势是,市场正被不断细分,小众市场亦有潜力变成大市场。只要我们能够精准把握并合理利用长尾理论,精心经营,便能激发出非凡的蝴蝶效应,在商业领域创造出意想不到的巨大成功。

抢占流量等于抢占行业蓝海

在如今这个商业时代，流量对一个企业来讲，正在变得越来越重要。流量，在网络中指一定时间内打开网站地址的人气访问量，或是APP的用户活跃度；在线下则指在一定时期内访问店铺的客流人群。

流量是企业变现的前提，因此现在又有"流量经济"一说。这就好比一家门店，是开在人流量多的地方更赚钱，还是开在没什么人流的地方更赚钱？答案不言而喻，肯定是流量越大，门店的生意才会越兴隆，盈利能力才会越强。

互联网企业也是同样的道理，流量越大，企业才会越有价值。就好比微信，它有10亿用户，每天几亿的活跃度，所以它才有那么大的价值，如果流量很低，那微信可能什么也不是。

因此，互联网推出产品，线下开门店，首先要想到的就是流量问题。例如，一家互联网公司推出自己的APP，那么它就要考虑装机量，装机量达到一定数量后，就要考虑日活、月活以及用户的访问时间等，而这些都是企业对流量的要求和把控。

另外，企业要抢占流量，那么就要想办法获取流量。流量怎么来呢？有两个办法：一种是自己引流，自己造流量池，例如企业做网站；另一种是利用大平台积累的流量给自己引流，例如微信中各企业的小程序。

现在很多企业都有自己的网站，而网站就是一个很好的流量入口。传统企业不要再抱着以前那种"我有资源我就大"的想法，而是要利用互联网将那些有利于自己流量的业务做起来，再到线下做成一个闭环，以构建起一个良好的流量生态圈。再者就是要抓紧网站的建设，科学化管理网站，和用户建立信任感，吸引流量。

在网站的建设或APP的运营上，企业要围绕自己的目标人群精准定位内容和用户场景，精细化运营更能获取流量。比如广告流量，轻度的社交游戏可能更适合在早晚高峰时段投放，而重度游戏则更适合在周末或节假日投放。

另外，现在有些营销方式也是企业网站或自媒体引流的很好的方式。例如，现在比较流行的网络直播、网红营销、大V推荐等，说白了就是企业引流的一种手段。

流量是能变现的。流量变现并不是什么难事。试想，如果你有成千上万的流量了，那么吸引其中的一小撮人进行消费不是比较容易吗？

例如马云刚开始做淘宝时，遇上竞争对手易趣网。易趣网是美国eBay设在中国的一家C2C网站，当时占据着C2C 90%的市场份额。

面对如此强大的对手，淘宝和易趣网正面对决可以说毫无胜算。在发现易趣网要对卖家收2%的交易佣金时，马云感到机会来了，立即宣布淘宝对卖家免费。

最终，eBay兵败中国，淘宝网将庞大的流量收入囊中。有了流量，马云正式开启流量变现模式。卖家入驻淘宝后，要维护店铺，需要技术支持，需要"装修"，需要会员关系管理，需要运营宣传，而这些便是淘宝"掘金"的利器。相比之下，淘宝虽然为卖家省下了2%的交易佣金，但它却变出了更多的现金。

还有腾讯，人们使用QQ和微信是免费的，也正因为此，它积聚了大量流量。但腾讯也不只是提供免费的午餐，也需要流量变现。于是，腾讯卖QQ皮肤、卖广告、卖会员等级，同样表现出超强的流量变现能力。

综合来看，流量变现有广告植入、品牌植入、商品推广、提供增值服务等方式。例如广告植入，现在我们打开一些比较火的APP，肯定能看到一大波广告，随便哪个广告点进去，就是商家的某某店铺，你可以直接下单，而你一下单，流量便有了变现的可能，这是一种比较简单粗暴的流量变现方式。品牌植入和商品推广也是一样的道理。而增值服务就像腾讯那样，在产品中衍生出一些收费的增值服务项目，以此来实现变现的目的。这算得上是一种比较隐晦的流量变现方式了。

强强联合，协同共生

美国战略学者詹姆斯·穆尔在20世纪90年代初提出了商业生态系统的概念："商业生态系统是以组织和个人的相互作用为基础的经济联合体。"在这个生态系统中，企业自身只是企业生态中的一个成员，该生态系统内还有生产者、供应商、竞争者和其他利益相关者等。在这个生态系统内，企业需要考虑自身所处的位置，才能创造出"共同进化"的商业竞争模式。

之后，斯坦福大学管理科学与工程系教授谢德荪又提出了动态生态理论。这个理论的核心是：在互联网时代，企业制胜的方式已经跳出了原有市场的竞争，变为随着信息的增加，如何有效地组合各方合作者的资源，来为各方合作者创造新价值，以此来吸引更多合作者加入，从而形成一个有生命的生态系统。

商业生态系统和动态生态理论都说明，企业在一个生态系统里并不是孤立存在的，它需要和很多相关的企业进行合作。如果你在某一个行业中是领头羊，而在你不擅长的领域，恰好又与你的业务有联系的另有一家大企业，那么完全可以进行强强合作，更好地进行布局，或者说是生态建设。

强强联合是一种双赢的姿态，两强资源互补，协同共生。

举个例子，随着各类APP应用纷纷上线，用户获取移动应用的需求大增，使行业内迫切需要推出一个统一的云OS平台，来聚合产业链上的终端、开发者和运营商等资源，促进移动互联网行业的健康、快速发展。在这种情况下，一家急需云服务的企业就可以和百度合作。因为百度掌握着最大存储、计算能力的架构，并能快速应对移动应用大数据的处理和交换，"云+端"正是百度的优势。

近年来，强强合作的事迹在众巨头企业中屡见不鲜。腾讯入股大众点评也是一个协同共生的极佳例子。

腾讯入股大众点评，一方面，大众点评获得了腾讯的资金支持，还可以获得微信和手机QQ在移动端入口的红利，为自己在与竞争对手竞争的过程中提供了强有力的后台支持；另一方面，腾讯可以获得大众点评丰富的商户资源和在本地生活服务市场的运营经验，加上用户在手机上的购买能力的提升，使得腾讯在抢夺移动支付的市场上又多了一份保证。

其实，"互联网+"强调的就是一种合作精神。一个智慧的老板是不会让自己的员工打入自己不擅长的领域的。现在分享经济蓬勃发展，而分享经济讲究的也是整合资源，取长补短，和别人精诚合作，才能够共同走得更远。

这是一个大数据的时代，外部环境瞬息万变。以用户为例，其选择空间已从过去对商品没什么选择，转变为如今的丰富多样，只要上网一浏览，海量同类产品纷至沓来，令人目不暇接。面对如此多的选项，用户不再只关注产品质量，还会综合考量服务、售后、反馈等多方面的因素，直到找到令自己满意的产品或服务为止。面对如此多的环节，企业往往会力不从心。此时，借助第三方平台之力，携手合作，打造自身品牌，就比自己单打独斗要强得多。

像腾讯这样的行业巨头，尚需入股大众点评、京东等，将自己不擅长的领域交给专业的团队去做。从中我们也可以看出，没有哪一个企业能做到尽善尽美，因此强强联合就成了企业开拓新领域、迈向更大规模发展的必由之路。

多元整合，做好消费升级

从消费的发展历史上看，我们可以梳理出这么几个消费升级的节点。20世纪70年代到20世纪80年代末，是中国的第一次消费升级。这次主要是人们对生活必需品消费的增加；从20世纪80年代到21世纪，又有一次小康的消费升级；未来，个性化的消费升级又将成为主流。

如今，"80后""90后"已经成为商品社会中消费的主流。这部分人群有着极强的个性意识，在对商品的选择上，他们更关心商品的实际功能，更关注商品的体验，而原来被人们关注得最多的价格则退居到了次要的位置。

我们从以下几个情况的变化就可以清楚地看到这一点。

首先,是服务性消费在持续增长。根据国家统计局在《中国统计年鉴2015》中给出的数据,在2014年时,中国居民的消费结构中,有大约60%是实物性消费,而服务性和体验性消费(文化娱乐、旅游、教育、医疗、生活服务)只有约40%。《中国统计年鉴2020》中,到了2019年,这一结构发生了变化,人们在服务性消费的支出占比已经上升到了将近50%,实物性消费萎缩至大概50%。服务性消费的增长已经成了一个不争的事实。现在,如果一个家庭的收入越来越接近中产水平,那么他们更愿意将钱花在体验上,同样,实物中那些体验感更好的商品也更受他们的青睐。

其次,以前被人们看作是时尚品的东西,现在则被人们认为是生活的必需品。以鲜花为例,过去,送花是时尚、前卫的象征;而如今,鲜花已经走入千家万户,人们给自己和家人订花,已经不是一件稀罕事了。

再次,内容付费逐渐兴起。当人们的精神和思想变得更高时,人们会更愿意购买与内容相关的音频、视频、知识、书籍等产品。

最后，目标受众也被细分得很明显。现在的消费者可能更愿意基于兴趣、文化，甚至商家提供的服务去购买商品。于是，那些乐意与用户互动、能给用户带来积极情感影响的商品，更容易受到用户的青睐。

既然消费有升级，那商家就要积极应对。这时的盈利模式就不能以产品差价为主，而是要注意将产品升级为既好玩又有趣同时让用户觉得实惠、有用的东西，形成新的供给关系。

有一家做家居装修的公司叫尚品宅配，它的消费升级就做得不错。尚品宅配并不扎根于建材市场，而是将广告植入每一个人们常用的APP或线下人流量集中的地方，比如抖音、微信、商场，人们很容易就能接触到它，而它又明确地告诉你，可以帮你把80平方米的房子设计出120平方米的感觉。

之后，只要用户留下一个电话给尚品宅配，工作人员就会主动上门帮用户设计。如果用户不喜欢设计师设计的方案，双方可以终止合作，用户也不会有费用支出。如果用户觉得满意，尚品宅配就会报出一个让用户较为满意的价格。在签订合同后，用户完全不用过问，将一切放心交由尚品宅配来做就行。

过去，人们装修房子，要跑建材、跑市场，买这买那；如今，有了尚品宅配这样的公司，用户什么也不用操心，等入住即可，这服务性就非常好。

再说产品。以空气净化器为例。如果一款空气净化器在用户使用了一段时间后，能自动提醒你更换滤芯，并且可以自动下单。当空气湿度不够的时候，它又会提醒你更换加湿器，同样可以自动下单。这样的空气净化器，肯定会比其他类型的净化器更受用户的青睐。

综上所述，我们不难发现，要做好消费升级并不简单，它需要企业有一个多元整合的过程，不仅产品要更新，服务也得跟上，还要升级整个供应链。以电商行业为例，企业不仅要做线上，也要做线下，整合全渠道资源，才能找到新的行业增量。如此一来，线上平台可以拓展线下门店的辐射范围，线下门店又可以为线上业务引流，线上线下相互赋能，共同构筑起消费模式的双核引擎，为用户提供更好的消费体验。

在产品研发方面，精准洞察用户的痛点至关重要。在这个竞争激烈的商业时代，谁能率先精准抓住用户的痛点，谁就抓住了商机。所谓痛点，自然是指那些强烈且迫切的需求。一旦成功解决了用户的痛点，便意味着为企业打开了财富之门。用户痛点，是当下所有产品人必须深入钻研的核心课题。我们生活在这个世界上，难免会遇到挫折和困境，如果你遇到的问题，恰好是很多人也曾遇到过的却一直没有找到解决方案的难题，那么你就已经精准找到痛点了。

做好消费升级的着力点很多，但无论怎样，我们始终要围绕给用户创造价值、建立与用户的情感纽带、深化用户与品牌的关系这三大核心要素来布局。毕竟，这才是最符合消费升级的本质的所在。

把成本变成收入，把投资变成融资

有的线下连锁企业在扩张时，会遵循传统的商业逻辑，不断开设新店，并对每家店铺投入大量精力进行装修、管理。然而，当下店面租金居高不下，加之店铺数量众多，耗费的成本与资金规模庞大，企业的扩张步伐也因此受到牵制，发展建设相对缓慢。

另一种常见的扩张方式是发展加盟店，由加盟商来投资与管理。这种方式虽然在资金周转上较为灵活，却难以对质量进行严格把控，品牌的声誉也因此面临一定的风险。

那么，企业能否找到一种更方便快捷的方法，既能大幅降低成本，又能避免巨额投资，同时还能实现自主管理呢？这就需要企业老板打破常规思维，不再仅聚焦于消费者，而是将目光投向整条商品供应链，优化缩短一些不必要的环节，甚至砍掉一些冗余的环节。

以开店为例，前面我们提到自己投资自己管理和做加盟店让他人管理这两种模式，都有一定的缺陷。这时，一种介于直营与加盟之间的新型商业模式便应运而生了，我将其称为"直管"模式。该模式的核心在于由他人出资，自己管理，简单来说，就是自己做"掌柜"，在各地招募"甩手老板"来共同参与经营。

海澜之家，这个广为人知的男装品牌，便是"直管"模式的典型代表。2018年2月，腾讯斥资近25亿元入股海澜之家。这一消息在商业圈引发了巨大的震动。因为在仅仅6个月前，海澜之家还与阿里巴巴达成了战略合作，对其线下的5000多家门店进行了智慧化升级。

海澜之家是如何同时获得腾讯、阿里两大巨头的青睐？回顾其发展历程，它又是如何在短时间内在全国各地开出5000多家门店的呢？答案就是海澜之家的"直管"模式。

海澜之家成立于2002年。成立之初，海澜之家就成立了一个"掌柜"集团，在全国各地招募"老板"，"老板"投资，但是不管理店面，只是坐等分享店面收益。而海澜之家对店面的管理，"老板"不能插手。海澜之家的"掌柜"集团有统一的形象，统一采购产品，统一配送，统一装修，统一价格。这种模式不仅让海澜之家把原来用以开店的成本变成了收入，把投资变成了融资，而且还增强了海澜之家整体的品牌力以及各个门店的盈利能力。

凭借这种"直管"模式，海澜之家迅速扩张，到如今，它的市值已经超过了500亿元人民币。

这便是直管模式的好处，不仅直接将重资产变成了轻资产，而且在上下游各个环节都做到了优化，还保证了品牌力度不打折。不过，要用好直管模式，商家也要梳理好每一个环节，首先你需要有强大的管理能力，能让资本为你的能力服务，然后你要知道，用户多了，商家才能有效和供应商进行谈判；能有效谈判了，商品进价才能更便宜；商品进价便宜了，周转率才会高，盈利空间才会大；盈利空间大了，才更有人愿意投资；有投资，有店铺了，用户量才会大。这是一个闭环，每一环都需要完美配合，只要有一个环节掉了，就有可能满盘皆输。

改变原有的利益结构

商品从生产到销售完成，是一个多环节协作的过程。参与这个环节的人员有很多，因此就会涉及各方的利益，毕竟谁都不想亏本。这时，企业就要在交易结构上进行利益分配，以保证员工、合伙人、股东、销售商各方利益的平衡。

于是，利益结构就成了商业模式的重要组成部分。逆向商业模式的设计也一样，必然会改变或优化原有的利益结构或者利益分配。

利益要怎么改变，这是一个很现实的问题。我们以销售为例，传统的销售结构就是企业生产产品，然后交给总代理，总代理再交给次一级的代理，再是批发市场，然后到门店，最后到顾客手里。其中的每一级代理都要赚取利润，这些利润都由消费者来埋单，因此最后顾客购买产品的价格肯定不低。

商品从工厂到顾客手里的过程，就是一个交易结构。而现在一些新的商业模式已经完全改变了这种传统的交易结构，改变了从工厂到顾客手里的过程。

现如今，有些企业实行的是从供货商直接到门店的过程，这也是很多连锁企业采取的方式，货品直接从供货商那里到门店，省去了中间环节，为企业赢得了更大的利润空间。

此外，直销也是一种改变利益结构的模式。直销就是商家直接销售商品或服务，没有任何中间环节。

作为全球知名的电脑供应商，戴尔最初的成功就得益于它的直销模式。20世纪80年代中期到20世纪90年代初期，是电脑市场高速发展的黄金时期，企业需求量大，业界随之涌现出了IBM、惠普、康柏等知名电脑品牌，但它们的产品价格昂贵。一时间，渠道似乎成为当时电脑销售战略的不二选择。甚至在国内的中关村电脑市场，当时也是一级总代、二级总代、区域总代、一级经销商等充斥在各个角落。

但是，在迈克尔·戴尔成立戴尔公司以后，他却选择了一条与众不同的直销之路。戴尔售卖的是组装机，低廉的价格更受小企业的喜爱。戴尔也因此走上了一条辉煌之路，被誉为"国际PC之王"。

戴尔的直销不但省去了中间环节，也干掉了库存。戴尔有一套非常精细的销售预测体系，"销售漏斗"（由一个特定时间段，如一年、一季度或一个月里，一系列有可能转化成订单的潜在销售机会所组成的模型）则是戴尔最常用的销售预测分析工具。销售漏斗将戴尔的每一份销售单子都分为五步，每一步又都有不同的盈率，据此戴尔的销售人员能够清晰地了解整个销售过程。再通过盈率计算，戴尔就能够估算在某一时间点内，某一市场或者某一区域内需要多少台服务器、需要哪款型号的PC，据此每一台PC机需要拆分的零部件有多少等。针对这些预测准确的订单，戴尔公司马上对订单进行整合，分拣现有的原材料，向供应商订购需要的其他原材料。原配件由供应商直接运送到装配线上。整个设计、制造、销售和市场就建立起了一个高度集成的供应链。

而电商的商业模式则又将利益结构做了进一步的改变。电商是搭建一个平台，让买卖双方直接在平台上发生关系。

随着微信、微博等社交媒体的崛起，又涌现出了一种新型的交易结构，那就是微商。做微商的企业或个人利用这些社交平台推销自己的产品或服务。微商模式所覆盖的运营模式更加全面，其中不仅包含了直销模式，还集合着B2C、B2B、O2O等多种模式。他们各有各的优势，有时可以相互融合，扬长避短，使前期销售与售后服务达到更理想的衔接效果。微商的特点是小，小看似弱势，却也有它的妙处。船小易调头，做微商也一样，可以因人而异，因销售模式而异。尽管微商行为发生于移动端的微平台，而交易的形式多样化，具体如何促成，则完全取决于客户或商家的意愿。

由此我们也可以看出，改变交易结构的方式有很多。老板要知道，现在企业要进行商业模式的创新，产品创新并不是难事，毕竟大家都能做产品，真正要注意的，是改变原有的利益结构，让利益重新分配。

用逆向思维去招商

我们这里说的招商,是指招募商业合作伙伴。在企业的发展过程中,商业合作伙伴是非常重要的一环,好的合作伙伴,是商业链条良性运转的保证。

在传统的商业理念中,招商无外乎开招商会招募代理商。但是,现如今这种情况已经发生了本质的变化。现在的招商,是面向全社会招募商业合作伙伴。此时,老板要思考的就是,该怎么招,怎么吸引商业合作伙伴,招募好以后又如何进行管理,如何建立自己的渠道团队等一系列问题。

招商、建渠道，是每一个行业都要做的事情。因为商业模式要落地，最重要的就是用户和渠道了。如果你有庞大的用户体量、有全面的渠道，那么你的商业模式就等于打通了任督二脉，盈利就不再是什么难事。

市场上有一款"熊本士"保温杯，曾被人们称作"网红"保温杯。2016年6月，熊本士开始出货，然后不到半年时间，这款保温杯就卖出了356万只。熊本士之所以能取得令人瞩目的成绩，给力的销售渠道功不可没。

熊本士首先开拓的是线上市场，通过微信进行品牌推广，和一些地区的大咖进行合作。凭借这种方式，熊本士很快就在微商群体中招募了近千名代理商。

线上市场打开以后，熊本士又发力线下市场。他们寻找的商业合作伙伴并不是一般卖保温杯的店铺，反而是童装专卖店。熊本士是儿童水杯，时尚有个性的小熊造型和童装专卖店的风格有契合。于是，熊本士很快就打入了各品牌童装专卖店中。通过这些门店，卖出去不少杯子。

在这期间，熊本士没有开过一场招商会，却取得了比开招商会更好的效果。

因此，企业一定要关注渠道的建设，招募好商业合作伙伴，做好渠道又是其中的关键。总的来说，企业招募商业合作伙伴，我们可以借鉴以下几种逆向思维。

第一种是批量思维。企业不要只想着将盈利全部揣入自己的腰包，要懂得将钱分出去。你要明白，少赚就是多赚的道理。就像熊本士保温杯不会免费"驻扎"在童装专卖店中，但是双方一合作，利益均沾，就会产生规模效应，虽然每只杯子的利润少了，但巨大的销量带来的却是更多的利润。

第二种是分享思维。这是一个凡事都讲究分享的时代，你要懂得与人合作，互补资源，彼此成为对方的商业合作伙伴，如此才能搭建起更好的渠道。

第三种是诱惑思维。现在的人只对场景和结果感兴趣，因此你要寻找有能吸引用户的场景的商业合作伙伴。

第四种是聚焦思维。企业老板要聚焦于吸收、思考、传播这三件事上。吸收的途径是加盟别人、参加招商会；思考的是吸收别人的模式，结合自己的实际情况，做出好的招商模式；传播是要利用分享、曝光来传播品牌和产品。

老板要知道的是，招商不是一个人的行为，而是一个群体的行为，我们需要利用好社交媒体来开拓线上渠道，同时也要在线下寻找适合自己产品场景的渠道，线上线下两相结合，才能拓展自己的商业合作伙伴，建立起庞大的渠道系统。

第六章

逆向商业模式的营销手段

如果说商家有创造财富的能力,那么这种能力很大程度上是建立在他的营销能力上的。在逆向商业模式中,营销同样是至关重要的环节。逆向的营销和逆向商业模式中的其他节点一样,是颠覆性的、创新性的。

商业模式、战略和营销的关系

商业模式、战略和营销都是企业生存的关键，它们就好像一个三角形，共同构成一个稳固的平面，去掉了任何一角，这个平面都是不完整的。

在这个三角平面中，战略是企业发展的方向和目标。商业模式是方法，主要是整合资源，形成实现用户和企业价值的逻辑体系。营销是途径，主要是交换以实现价值。在这里面，三者又有从属关系，战略包含商业模式的内容，而商业模式又包含营销的内容。

有很多人把战略看得很高大上，其实不然，战略无非战略愿景、战略定位、战略规划、战略竞争这四个部分。愿景就是你所想要创造的、可能实现的、持续发展的未来结果的描述，这种描述会照亮你的价值观。换言之，愿景就是企业对自己最终结果的描述，它有三个要素：一是明确的目的，二是正确的价值观，三是清晰的成功景象。企业家制定战略愿景时，需要综合考虑企业、员工和用户的利益，然后提出愿景。简而言之，就是企业家希望自己的企业在未来是一个什么样子。

战略定位就是要在市场竞争中找到适合自己的位置。也就是企业要做什么，要进入哪个市场，有什么发展方向。企业做好定位，需要注意三点。

其一，要让顾客能够切身感受得到。定位是向目标顾客做出的一种承诺，因此必须要让顾客切身感受得到。例如海飞丝的"去屑"，如果你的定位无法让顾客切身感受到，那就表示它与顾客的利益毫不相关，必须更换。其二，要以你的产品优势为基础。你应该准确地认识自己的产品，去掉盲目自信，从务实的角度出发，找出你的产品有哪些优势。你可以反复问自己："这样定位能不能长期推动品牌的业绩？"如果不能，那就必须得更换。其三，要注意与竞争者进行区分，彰显自己的竞争优势。企业要注意自己产品的独特性，你应该问自己："和竞争者的产品相比，我们有什么独特的地方？"这种独特性是必须和竞争对手的产品能够有效区分的。找到了这些，那么企业对自己的定位就很清楚了。

战略规划则是战略定位的落地，这在民营企业中是比较受忽视的部分。要做好战略规划，首先要有一个明确的总体目标，例如企业在某个时期的销售额、利润、门店数量、市场占有率等。定下总体目标后，再将总体目标细分到各个阶段，每一个阶段要怎么做都要明确下来，不仅包括阶段目标，也包括在这个阶段内实施的具体措施。

战略竞争，就是企业牺牲眼前利益来换取长期利益而做出的管理、组织和产业上的调整。它强调的是企业通过什么方法来实现企业的价值、用户的价值。

而对于商业模式，我们前面已经讲过很多了，它属于价值逻辑的范畴，其核心是顾客价值、企业盈利、价值流程。

营销则从属于商业模式。在这个竞争激烈的商业时代，营销对企业来说正变得越来越重要。外部的市场是千变万化的，而企业要想有效应对这种变化，就必须要有一套以市场为导向的营销机制，企业才能立于不败之地。

有人认为营销就是卖产品，其实不然。营销是以市场为导向，然后组织生产，通过各种有效的营销手段或活动来吸引消费者买单的过程。美国曾有一份针对250家企业展开的调查，大多数的企业高管认为企业管理的首要任务是制定出一套好的营销策略，然后才是控制生产成本和改善人力资源。纵观全球500强企业的高管，大多数是从营销岗位上去的，营销部门在公司占据着举足轻重的地位。

从另一个角度来说，营销也是一家企业的财富源头。营销做好了，财富自然来，营销做不好，企业就有风险。从这里也可以看出，营销对一家企业的大作用。

而有的时候，营销策划做好了，甚至还能让企业化市场的劣势转变为优势，让企业从竞争中的不利位置中走出来。

有一段时间，小米手机的市场地位被一些非国产手机超越。在这种情形下，雷军适时提出"新国货"概念，宣称像小米这样的新国货就是比一些非国产手机品质要好，他也希望小米的产品能改变国人对传统国货的印象。为此，小米举办了一系列的"新国货营销活动"。

在小米电视2S发布会上，小米就处处体现出"国货"情怀。在发布会上，雷军背后的"新国货"三个红色大字特别醒目，而且作为补充，"国"字头上写着的"小米中国梦"五个字也很耀眼。随后，雷军宣布小米的最新产品是符合中国国情的最佳产品。

因为小米将产品放大到了民族情感层面，激起了很多消费者的共鸣。这一营销方案最终成就了小米，使其在市场中力挽狂澜，再次回归到了同行业领头者之一的地位。

随着社会的发展，现在的营销开始从原来的价格、产品过渡到了体验、服务和文化营销的层面。体验营销就是企业通过让用户试用、体验等方式，使客户感知企业产品或服务的质量和性能；服务营销是指企业通过最好的服务来感动客户，以口碑的方式来吸引、增进和维护与顾客的关系；文化营销则是把商品作为一种文化载体，通过市场进入消费者的意识之中。

总之，营销是能让用户感知企业的一种力量。在新的市场经济环境中，企业也要不断更新自己的营销理念，打造一支强有力的营销团队，建立起一套高效的市场营销系统，这样才能给企业发展带来源源不断的动力。

免费也是一种营销手段

现如今,有越来越多的商品被免费提供给消费者使用。其实,免费已然成为一种营销策略。

而从另一个方面来讲,商家免费也是"被迫"的逆向思维。如今的商业时代,产品越来越丰富,已经供大于求,同时价格市场也在向价值市场转化。在这种情况下,商家便不再通过价格与成本的差价来盈利,而是免费将商品提供给消费者试用。如果消费者试用后对这个产品产生了依赖,那商家就可以利用后续的服务来收取费用了。

例如，每个家庭都会买一台电视机，但是没有哪一个家庭会买10台电视机。但是，电视机的产能又很大。这时，电视机企业就不得不降价，或者免费出售电视机，然后通过后续的服务来盈利。面对这样的大环境，生产电视机的企业只能缩减规模，用价值思维来做这款单品电视机，当消费者感觉到自己的价值越来越被重视时，企业的盈利空间就来了。

从心理学上来说，消费者在接触大量免费的商品时，他们的决策时间也会相应缩短，甚至产生瞬间决策能力。而在传统的营销模式下，消费者购买的决策过程是比较漫长的。瞬间决策的行为本质是试用，也就是用低成本来尝试这个商品是不是合乎自己的体验：如果不符合，消费者就会放弃；如果符合，消费者就会保留，并且对商品产生依赖性。

从另一个层面来讲，体验也等于价值定价。因为在免费试用过后，用户感知了产品的功能、设计，就会判定这款商品的价值。以微信为例，虽然它是免费的，但是人们在使用过后会判定它的价值很高，就愿意持续使用并形成依赖。因此，微信是一款价值很高的商品。

这种定价模式是完全区别于传统模式的。传统模式下商品的价格是固定的，人们的购买价格就是心理价格，因为不管消费者对商品的价值判定如何，他都已经付出了固定的价格成本。这时消费者对商品价值的判定就会与商品价格产生差别。因为用户将商品买回家以后，如果使用过程中对它的价值判定较低，那么用户就有买得不值或买亏了的想法，进而就有退货的风险。而免费就不同了，它提供的价格是零，无论用户对它的价值判定如何，用户都不会有上当的感觉。一旦用户将商品的价值判定得较高时，用户就可能成为商品或企业的粉丝，进而持续使用商品，即便后面需要付费也愿意。

另外，用户对商品的价值判定较高时，就会对商品产生好的口碑。而实际上，在这个商业社会，口碑就相当于是支付。互联网思维不是提倡"口碑为王"吗，因为现在人们选择一家企业的产品，很大程度上是依赖于口碑的。而在互联网时代，每一个用户都可能成为信息的节点，成为口碑传播的源头。

所以，免费营销的目的是吸引更多的用户，同时带来更多的消费。

当年，国内打车软件的补贴大战至今让人津津乐道。当时打一趟网约车，跟免费乘坐几乎没什么差别，而商家却要烧掉不少钱。商家这么做的目的就是利用价格诱饵，把网约车理念灌输给用户，培养用户习惯，在用户体验后获得口碑，最终把没有实力的竞争者挤出去，做大市场。

苹果刚进入中国时采取的免费策略也是一样。当时，苹果知道自己的手机定价比较高，在没有定价优势的情况下，肯定很难打开中国市场。于是，苹果和联通合作，推出合约购机套餐，也就是消费者可以通过预存话费的形式0元购机。只要消费者预存了话费，就可以免费得到一部苹果手机。果然，苹果的这一策略大受消费者欢迎，不仅迅速打开了中国市场，而且它将自己的硬件与运营商的套餐绑定，鼓励消费者消费更多话费，它也因此从中获得了增长盈利。

从以上这些理论及案例中我们可以看出，互联网时代的免费是一种势在必行的营销策略。而工业化时代的免费，只是锦上添花或者非理性竞争的手段罢了。

做减法的新型营销方式

企业在经营过程中,最常见的打法是,看到竞争对手推出了一款畅销的产品就想介入,这时老板的思维就变成了"我的产品可以比他的产品卖得更便宜,卖得更多"或是"我的产品可以比他的产品做得更好,卖得更贵"。其实,这两种方式都算不上最好,有时候,我们可以进行逆向思考,想一想如何降低价格或者减少销量,或许更能改变企业的困境。

这就是做减法。减法营销其实不是减少营销,而是减少顾客效用,形成新的市场和战略定位,重塑企业的商业模式和盈利模式。减法营销包括减人群、减区域、减渠道、减功能、减服务等方面。

减渠道我们在前面的已经提到过，很多企业通过缩短渠道的方式获得了实实在在的效益，故而这里便不再赘述。

相对而言，减人群是减法营销中比较核心的方面。以前人们做的通常是一种推拉式营销，即对人群不加辨别。例如，打广告时，喜欢漫天撒网，对所有人群集中"轰炸"。然而，著名广告大师约翰·沃纳梅克则说："打广告的钱有一半是浪费的，但客户永远不知道是哪一半。"

其实，商家的任何产品都有一部分特定的人群，如果找到这部分人群进行精准营销，效果肯定比原来那种漫天撒网式的方法要强。这就从全部人群减到了目标人群。

现在的商业社会要锁定目标人群其实并不难。大数据时代的到来，让商家能够从海量的数据中精准锁定目标人群。找到了目标人群，商家就可以只针对这部分人群进行营销。这就好比前些年的电影《小时代》，它在预告片上线以后，就从微博的大数据中分析出这部电影的主要观众是"90后"女性，于是后续的营销活动就主要围绕这部分人群展开，果然电影正式上映后大卖。

另外，在营销中商家也要锁定用户的真正需求。以洗衣机为例，对于农村地区的居民来说，在意的不是洗衣机的洗衣功能，而是附带于洗衣机上的甩干功能。因为冬天，居民们洗完衣服后，如果不能甩干，晾在室外就很难晒干。因此，针对这部分人群的营销，强调洗衣机的甩干功能就比强调它的洗衣功能，更受用户欢迎。

有的商家喜欢一味地拓展产品和服务的种类，这并不是一个好办法。相对的，商家更应该努力将单品或比较少的品类做到极致。因为人们在选择过多时，会比较茫然。例如，人们喜欢逛超市，但很多人却经常空手而归。这就是因为人们在面对琳琅满目的商品时，购买欲反而降低了。而如果商家能满足用户真正的需求，将一款产品做到极致，虽然人们的选择欲降低了，但其购买力反而是上升的。

再者是减区域。减区域比较好理解，就是我们营销时不要贪多求全，各地全面开花，而是要找到真正有使用需求的区域精准营销。在商业市场中，我们很容易发现一些在甲地销售比较火的商品，在乙地并不受欢迎。因此，商家一定要找出不同地域的消费者的不同偏好，在适合自己产品特色的地方做好营销工作。

如果你够细心，你就会发现像肯德基、麦当劳这些连锁品牌，几乎在我国的每个大城市都设有店面，但它们在每个城市推出的商品绝非千篇一律，而是有着不小的差别，不同地区的商店就有不同的菜品，为的就是更适合当地消费者的口味。

减功能就是减掉在商品中不能给客户带来价值的功能，只保留那些能够提升客户价值和增加客户黏性的功能。如今，人们的生活节奏逐渐加快，消费者对产品便捷度、设计感的要求越来越高，而对功能、作用、特征的要求则在减少。这就要求企业在产品开发中，不能从生产角度出发，盲目增加功能。

减服务则是指企业要把服务做细做精，通过用户画像，分析出用户的真正服务需求，而把那些不必要的服务砍掉，以赢得用户的信任。

所以，在营销中，我们一定要逆向思考，学会做减法，砍掉你最初意识中想到的创意、渠道和人群，砍掉那些没有意义的内容，做精准营销。只有精准，营销才会变得更高效，也才更容易使投资回报率实现最大化。

如何增加用户的黏性

如今,很多人喜欢在阿里巴巴网上购物,在这个电商平台上,虽然商品浩如烟海,但人们通过搜索引擎总能很方便地找到自己需要的商品。可见,很多人对阿里巴巴这个大平台是有黏性的。人们购物,多半不是冲着阿里巴巴上的某一个商家而来,而是冲着阿里巴巴这个大平台来的。

用户对一款产品产生依赖,有了忠诚度,并且能够持续不断地使用这款产品,我们就说这个产品是有用户黏性的。看那些成功的大企业,他们大多有着高黏性的用户群体。由此可以看出，增加用户黏性对一个企业的重要性。

通常来说，高黏性的用户对产品的使用频率也会很高，也可以反过来说，用户使用产品的次数越多，那么用户的黏性就越大。高黏性的用户对企业来讲是盈利的真正入口，有着高净值，堪称企业的"超级用户"。

管理大师德鲁克说："企业的使命就是创造并且留住顾客。"在这个商业社会，如果一款产品不具有用户黏性的话，就算拉来再多的用户也没有用，因为用户会像沙漏一样，慢慢漏掉。

所以，如何增加用户的黏性是企业一开始就要思考的问题。在增加用户黏性的过程中，企业可以参考以下几种方法。

一是明确产品定位，增强产品的特性。

产品定位就是要打造一个区别于竞争对手的产品，默默地告诉用户，你的产品是独一无二的，并且还能解决一部分人的真正需求。例如，江小白青春化小酒的定位，就让它获得了不少"80后""90后"人群的青睐。

二是做好用户体验工作。

马化腾曾说：用户体验，比一切事情都大。前面我们介绍过痛点，但是看到这个痛点的人不止你一个，在解决用户痛点的路上，企业是跑赢还是跑输，主要取决于企业有没有站在用户的角度把用户体验做到最好。如果你的产品能够与用户的心灵对话，那就说明你的产品是抓住了用户的体验和感觉的。

在腾讯，马化腾就常常以产品经理的角色出现在腾讯的各个角落。正是凭借对用户的体验和感受的重视，腾讯研发出的各种产品才超越了被模仿者很多倍。例如QQ邮箱，除了具有其他同类软件应用拥有的功能外，还能够同时接收其他邮箱发来的邮件，这给用户带来了便利的体验感受，也因此获得了大量粉丝的支持。

三是内容吸引，增加用户的停留时间。

在产品的内容运营中，企业要深挖用户感兴趣的点，有的企业也可以定期推荐热品或做一些专题促销活动，每期设置对应的话题及引导，以此吸引用户的注意，并增加用户在观看内容时的停留时间，从而增加用户的黏性。

四是做好活动，促进用户活跃度。

做活动的方式有很多，例如通过品牌和渠道的推广来引流，增加用户量，或是做新品促销，或是用行之有效的运营方式。例如，现在有很多APP设置了打卡功能，这就是提高用户黏性的一种方式。用户打卡后可能会发到社交媒体，这样就容易引导用户形成关系网，让用户的分享带来宣传，吸引新用户。

支付宝的方法也值得借鉴。支付宝有一个蚂蚁森林，用户通过每天行走的步数、支付宝付款、生活缴费等这些和日常生活息息相关的行为来产生能量。当用户的能量聚集到一定程度时，用户就可以申请在某些地区种下一棵树。身边的点滴就这样化成了实实在在的环保贡献。

正因为如此，用户便会在每天打开蚂蚁森林，收取能量，或是到朋友那儿"偷"能量，这在无形中就增加了支付宝被用户使用的频次，提高了用户的黏性。

当然，企业有了高黏性的用户后，还要留得住他们，也就是要服务好这批超级用户。要服务超级用户，首先要持续为用户提供价值，企业在卖产品的时候，就要想能帮助用户创造什么价值，用户购买了产品以后，又要想到如何更快更多地帮助用户创造价值。毕竟，用户购买产品的行为，本质上是为了解决自己的问题。再者就是要让用户感觉到自己是有"地位"

的。也就是企业要充分重视用户，做事做活动时，要优先考虑用户的感受。

总的来说，提升用户的黏性，就是要企业多站在用户的角度思考问题，想想自己真正能为他们做些什么，自己做的活动能不能让他们脸上"有光"。用户是资源，是企业的财富，让用户愿意来，来了以后有满意的体验，体验以后感受到被尊重，这就是企业提升用户黏性要做的事。

快速圈人，让顾客自愿帮你卖货

在当今商业社会，无论企业身处何种行业，只要有人气，就有一定的盈利空间。人气，可以说是盈利的前提。因此，很多企业都将聚拢人气作为核心战略。

要聚拢人气，关键在于要找到一个好的入口。好的入口能持续吸引用户，就像源源不断的水流，为企业的"水杯"注入活力。

一般来讲，企业的产品就是入口。作为入口产品，本身可能不盈利，但一定要有圈人、圈资源的能力。有的企业给用户提供免费产品，这就是一种策略，以此赢得用户的青睐和忠诚。

例如，有一家做龙虾的餐馆企业叫书香门第。通常，龙虾的售价比较昂贵，但书香门第却以亲民的几十元价格出售，巨大的价格差吸引了大量的客户。随后，书香门第通过给客户办理会员、收取会费的方式让自己实现盈利。

再如小米电视机，其低廉的价格让客户在对比后更愿意购买小米电视机。而小米电视机背后有很多需要客户付费的视频、课程等内容，电视机本身就成为吸引用户的入口。

如今，微信、微博等社交平台也是一个入口，其用户量达到十几亿数量级。人们对它们的依赖程度极高，甚至已经达到了无法抗拒的地步。

此外，会员制度也是一种会员入口，就是给用户提供特别的通道或服务，来增加入口的引流。例如，餐饮店通过给会员提供更优惠的价格诱导消费者办理会员。一旦成为会员，就等于锁定了这部分用户。年卡等长期会员卡更是形成了稳定的入口。

跨界合作也能创造入口，就是通过资源的整合，来获得入口。例如理发店和高端洗车店合作，为洗车店的会员提供免费理发服务，以此来引流。

入口不仅能培养用户的消费习惯，还能促使他们持续消费，甚至帮忙推广产品。

在高度社会化的时代，每个人都是信息的接收者与传播者，也是潜在的卖货者。当产品有了好口碑，个人就可以通过朋友圈或者口头推荐，将产品介绍给朋友。另一方面，他也会因为这种推送，增强自身的体验感，进而促成再次购买。

数学领域的六度分割理论表明，世界上任意两个陌生人最多通过5个中间人就可以互相认识。若信息借助社交关系链传播，一传二、二传四、四传八，仅需传播33次，就能覆盖36亿人口。

由此我们也可以看出，"人"这个渠道有强大的影响力。而要做好人这个渠道，除了产品确实能戳中人的痛点、满足人的需求、有好的体验外，企业还要注重给粉丝带来动力。动力是人传播信息的热情。如果你的产品让用户愿意分享，或者觉得分享出去，不仅自己倍有面儿，朋友也能得到好处，这就是连接。有了这种连接，用户就能免费帮你传播，免费帮你卖货。

因此，企业要想办法点燃用户的热情。如今，有不少房地产商在卖房时会告诉买房的人，如果他们推荐朋友来买，每成交一单后可以给他们一定的提成。这就是在用财物激励的办法点燃人的热情、提升动力的一个办法。你看，连房子都可以用社会化的网络关系进行售卖，还有什么行业是不行的呢？

众包和众筹也是利用人来做业务的很好范例。比如，传统的快递就是快递员派件、取件人签收的形式。也许未来，你在取件时会发现送件人是你楼下的邻居或朋友，这就是"众包物流"，快递公司把快递需求设计成标准化的订单众包给普通人，让他们来完成派件取件业务。这样，快递公司就可以不需要养快递员，仅仅利用人这个节点就能完成业务了。

所以，我们都应该有这样的认知，那就是在社会化的环境中，你的用户可能不再仅仅只是用户，他们也可以成为你产品的经销商或渠道商，这种流量的汇聚点不是以门店的形式展现的，而是分散在每个人的社交关系之中。

这样玩转线上营销

随着互联网应用的飞速发展,"人机交互"正逐渐向"人人交互"转变,虚拟世界与现实世界也有了深度融合。由此,线上营销成为企业最主流的营销方式之一。

以美容院为例,过去新开一家美容院,商家只需在街上发放传单,再举办体验活动,便能吸引很多顾客。然而,如今商家若还是采用在街上发传单的方式,恐怕多数人会绕着你走。在移动互联网时代,人们关注的重心已经从线下转到了线上,企业若还固守以前那种老套的营销模式,必将难以立足,所以应该在线上营销上发力。

不过，线上营销究竟该如何做才能取得更好的效果，不是一件简单的事情。

其实，线上营销的方式有很多，自媒体广告就是其中一种。在移动互联网时代，自媒体越来越受到人们的关注。在自媒体上发布的广告，就是自媒体广告。

自媒体广告的成本很低，商家也能和用户进行有效互动，还能有针对性地传播，为自己的网站或平台引流，有着比传统媒体更大的优势。如今，几乎每家企业拥有自己的自媒体平台，但如何运营好自媒体平台，却成为众多企业面临的难题。

企业在做自媒体广告营销时，首先，应该考虑的是数据和营销逻辑，也就是要做好数据分析。只有把自媒体广告建立在一定的数据基础之上，才能精准找到突破口。数据分析一般分为两步：精准描述目标群体画像，例如锁定目标群体为20～25岁、喜欢网购的年轻女性；详细梳理该目标群体的网络活动轨迹，如搜集他们通常在何时、何地上网，常访问哪类型的网站，以及偏爱浏览何种内容等数据信息。

其次，在做好精准数据分析后，企业应该设计一个独具匠心的自媒体广告方案，例如找到和用户有共鸣的点，采用用户喜闻乐见的内容等。自媒体广告的表现形式有图文、视频、手绘等，企业要不断创作积累优化这些内容，来成就形式的多元化。

还有一个需要特别注意的地方，就是自媒体广告必须要追求差异化，要追求符合自己产品的文化个性，这样才能让自己的广告在众多的自媒体广告中脱颖而出。

再次，企业应做好自媒体的布局。如今，网络上的自媒体平台太多，只运营一个账号都是很费心思的事情，因此企业要避免在多个自媒体平台上投放广告。最好是选择一两个自媒体平台，集中精力将其做好就行，不要求多，但要求精。

从次，这是很重要的一点，即选择自媒体平台。选择自媒体平台时要先区分行业类型。例如时尚、美食、家居、旅行产品，适合用精美的图片来展示，宜投放于图片社交平台，而日用消费品则适合投放在一些面向大众的自媒体上。然后要区分业务模式类型，例如做B2C和B2B的企业，就应该选择不同的自媒体平台。

最后，投放自媒体广告也要做好售后服务。自媒体上的营销，其实用户更在乎的是售后服务，企业应该全程抓住客户的心理，用心服务好用户，这样才能收获更多的回头客。

视频营销也是线上营销的一种方式。视频营销的主要功能是通过病毒式的传播来让用户记住你的品牌。如今，有很多企业入驻了抖音平台，为的就是利用小视频来吸引用户。

企业做视频营销，画面要逼真，要让用户有切身体验之感，如此才能加强用户对企业的好感度，加深印象，让用户下载并使用。通常，用户在视频中想看到的是实用性的东西。所以，企业务必在做视频推广时增强视频画面的逼真感。另外，视频中可以加入二维码，提示用户扫码即可下载等。这样用户在观看视频广告之后可以快速拿起手机扫码下载并安装，实现企业APP的转化率。

还有微博营销，主要是借助微博产生互动增加用户黏性。随着移动互联网的不断发展，用户搜索信息的渠道变得越来越广，而微博作为最大的社交平台，一对多的互动沟通，其信息传播速度是非常惊人的。

在做微博营销时，如果企业不能及时发送一些粉丝感兴趣的微博，不能与粉丝产生定期互动，那么你就会掉粉。最好的方式就是，企业与粉丝产生互动，让粉丝活跃起来，增强微博人气。如果企业没有自己独立的品牌或者品牌知名度不高，那么在微博推广时，还应该灵活多变，借助明星、草根达人、热门大V的微博来有力地推广自己的产品。

　　线上营销的方式还有诸如软文营销、APP营销等，这里就不一一举例了。总的来说，线上营销种类繁多，企业一定要根据自己的产品特色，找好目标受众，选择合适的线上营销方式，才能取得更好的效果。

如何构建庞大的销售网络

建立一个适合自身产品特性，又能高效运作、渠道畅通且成本低廉的销售网络，是每一家企业都要思考的问题。

对于中小企业而言，销售网络则处于更加重要的位置。销售网络，指的是产品从制造商传递到终端用户手中所必须经过的通道。

企业所生产的产品不会自发地涌入市场，用户也不会主动跑到企业的仓库里挑选产品，这一过程必须借助销售网络来完成。

企业构建销售网络是从设计销售网络开始的。一般来讲，销售模式有直销和分销之分。直销是指企业直接将产品售卖给消费者。这种销售网络的优点，我们在前面做减法的营销方式中已有阐述，直销省略了经销商环节，从而使产品价格更具竞争力，也更受顾客青睐，还能避免降价倾销、窜货等弊端。然而，直销也不是万能的，如果企业没有能力获取足够数量的销售门店，那就只能选择分销的策略。

分销能够有效地拓展企业销售的范围。比如，企业在开拓新市场时，先把产品销售给一级分销商，一级分销商再将产品销售给10个二级分销商，每个二级分销商再将产品供应给50个门店。如此一来，企业的产品就能快速覆盖市场，并快速登上各个门店的货架。不过，分销也存在一定的局限性，它会让企业对产品的管控力度减弱，可能导致分销商出现降价倾销、窜货等不良行为。

由此可见，企业是选择直销还是分销，或是两种销售模式搭配使用，都必须根据自己的实际情况慎重考虑。

我们前面讲过戴尔公司，它在初创时是靠直销起家的，但五六年之后，却被对手惠普赶超。究其原因，在于PC市场的环境发生了变化，市场对PC的需求不再局限于企业的大规模采购。相反，随着个人需求的急剧攀升，直销模式在覆盖更广泛市场需求方面逐渐变得力不从心。而一直采用渠道战略的惠普，在市场转型之际，适时将销售渠道扁平化，并对供应链进行精细化设计，不断缩小与戴尔的成本差距。这使得惠普在PC市场从企业市场向个人市场转变时，就变得如鱼得水起来。

看到自己短板的戴尔，也给自己引入了渠道销售模式。直销和渠道相结合，最终打造出戴尔如今立体且精细化的销售覆盖模式。

在选择覆盖模式时，企业要注意客户群体的精准划分。所谓最佳销售覆盖模式，就是一个企业要依据自己的目标客户，能够高效地调配销售资源，高效地服务于客户，以最低的销售成本来获取最佳的销售业绩。例如，阿里在将市场进行细分以后，就对内贸和外贸客户分别采用了不同的销售覆盖模式。对于内贸客户，阿里采用的是电销团队的覆盖方式，对于外贸客户，阿里则采用了地推团队的覆盖方式。

通常，企业会从客户规模、行业、区域这三个维度来分析自己的客户群体，但不同企业关注的侧重点有所不同。一些企业可能只会从某一个层面去分析客户，而较为复杂的企业则可能同时从这三个方面综合考量，形成矩阵式的覆盖模式。

在构建销售网络的过程中，渠道也是不可忽视的一环。对于初创企业而言，若觉得直接抓用户比较困难，不妨先从抓渠道入手。例如，一家客流量很大的门店，如果你想要直接获得其顾客肯定比较吃力，但若你能拿下该门店，就相当于也间接获得了其客流量，这就是掌握渠道所带来的优势。

人也是渠道，构建销售网络时当然也不能忽视对人的把控。企业一定要在各方面把口碑做好，这样顾客才会推荐新顾客，代理才会推荐新代理，股东才会推荐新股东。借助口碑效应，搭建起庞大的销售网络也将指日可待。

如何构建企业的销售流程

卓别林的电影《摩登时代》向我们展示了如何在流水线上生产一辆汽车。在这个流水线上，每一个工人都在被细分的环节上重复着自己最擅长的工作，那么结果就比较可控。

在20世纪，流水线不啻为一项伟大的发明。商业中的管理理论也从这种流水线运作中得到灵感。好的流程总是会将一个复杂的系统分解成一个个小的单元，每个单元里的人该做什么、该怎么做，清清楚楚。

要构建企业的业务流程，其实也和这种工作流程的性质差不多。我们都知道，销售是一个复杂的过程，有很多企业需要销售人员出去跑单子。这种情况下，业务流程的制定就显得很有必要了。企业要让销售人员知道，他们在什么节点该做什么，又该怎么做，以保证销售人员能保质保量地做好每一步工作。

通常，一个好的业务流程包括以下六个步骤。

第一步，准备。有一句话是这样说的：没有准备就是准备失败，没有计划就是计划倒闭。你只有做好了充足的准备，才能毫无后顾之忧地披甲上阵，并所向披靡。

那么，准备工作主要做哪些呢？最主要的，就是为你的谈话做准备。销售人员要扪心自问：我要的结果是什么？对方想要的结果是什么？我的底线是什么？顾客为什么会抗拒你？我该如何解除这些抗拒点？该如何成交？这几个问题的答案，就是你的初级准备工作。当你相信自己能够解除顾客的任何抗拒点时，你就能够神采飞扬地为客户提供更加优质的服务。当你精神上对自己、对自己的产品百分百有信心时，这样的销售人员才是优秀的。

如果你的准备工作没有做好，很可能就会影响你的成交结果。

第二步，建立信赖感。在销售行业有这样一个不为人知的定律：一流的销售人员会花费80%的时间去建立信赖感，用20%的时间成交；三流的销售人员则会花费20%的时间建立信赖感，最终花费80%的时间去成交，最终可能还无法实现成交。为什么会这样，因为顾客不信任你。所有的竞争到最后，其实都是人际关系的竞争。

面对相同的产品、相同的价位，消费者会向谁购买？当然是和谁关系好就向谁购买。所以，我们说，做销售，其实就是在交朋友。最高明的销售，就是把客户变成自己的朋友。当客户变成你的朋友之后，你就不需要再运用销售技巧了，让朋友跟你买东西，是非常自然的事情。建立信赖感，也就为成交增加了更多的砝码。

第三步，问出客户的问题、需求以及渴望。一个人会产生购买行为，多是因为他遇到了问题。比如，一个人想要买学区房，是因为孩子遇到了上学问题；一个人想要换车子，是因为车子不能满足他当前的面子问题……问出客户的问题，找出客户的需求以及渴望，就能够对症下药，顺利地解决他们的痛点，提升签单率。

第四步，塑造产品价值。同样一瓶水，有的卖一块钱一瓶，客户还觉得贵；有的卖十块钱一瓶，还是有人会去买。这就是产品价值塑造的问题。当你没有将产品的价值塑造出来的时候，别人就会觉得你的东西不值。所以，当顾客内心已经有了向你购买的意向时，你就要学会有技巧地向顾客推销你的产品，何谓有技巧地推销？就是要学会塑造产品的价值。当顾客觉得你的产品的价值大于外在价格的时候，就会产生购买冲动。

第五步，分析你的竞争对手。俗话说："知己知彼，百战不殆。"你要想在同行业中胜出，就需要了解竞争对手的产品、服务。竞争对手的产品价位是比你的贵，还是比你的便宜。为什么？是产品品质好，还是服务品质佳？当你能够主动把自己与竞争对手的优劣条件摆到台面上时，顾客也就会在潜移默化中被你所指引。

第六步，解除顾客的抗拒点。什么是顾客的抗拒点呢？简单说，就是顾客不肯购买的原因。比如说产品的原因、服务的原因或者客户自己资金不足的原因等。面对这种情况，就需要我们预知顾客的抗拒点，并且列出这些抗拒点，以做好应对。

做完以上六步，我们很可能就能和顾客达成协议，完成签单。如果没有签单，那就是你前面的六个步骤中有一步或几步做错了。这时你要做的就是从头梳理一下流程，确保其正确，你就能够顺利拿到单子了。

第七章

逆向商业模式的企业创新

商业业态发展至今，已经衍变出传统企业、微商、新零售、互联网企业等多种不同的形态，而每一种商业业态其实都有适合它的逆向商业模式。只要我们懂得巧妙运用，其成功落地就是水到渠成的事。

新商业模式落地的七个步骤

对于商业模式，我们已经讲过很多了。这里，我们需要系统地梳理一下商业模式落地的几个步骤。

第一步，战略选择

企业战略是企业长远发展的方向，其框架包括愿景的选择、战略目标的选择、业务战略的选择和职能战略的选择四个方面。愿景的选择即企业的发展方向是什么，战略目标的选择包括企业是走发展型、维持型还是收缩型的道路，业务战略的选择包括客户战略、产业战略、区域战略、产品战略等，职能战略的选择即发展能力的选择。

第二步，市场调研

这里的市场调研，我们可以用来研究竞争对手。在商业领域，"知彼"比"知己"更重要。以企业为例，现在有些企业，一味地迷信自己的产品，总觉得自己的产品就是最好的，这是因为没有看到对手的长处导致的结果。

要知道，顾客购买产品时是会对比的，没有对比就没有价值。顾客最终的选择在于，他们对比以后没有其他选择。因此，你在吃透对手的基础上，你的产品只要比对手的产品好一点点，顾客就会更愿意选择你。商业竞争是一个漫长的赛道，顾客也是永不满足的，不要奢望一下子就提供一个完美的产品给顾客，你应该做的是，今天做八分，明天做十分，后天做十二分，只要你的产品一直比竞争对手的产品好一点，顾客就愿意持续做你的粉丝。这就好比现在的手机厂商，每年会推出一个系列，每年升级一点，顾客就会持续购入，替代原有的产品。

企业要做市场调研，可以成立一个情报部门，让这个情况部门每个月提交一份调研报告，调研的内容包括竞争对手的产品、客户资源、管理手段、定价、销售渠道、核心技术、营销战略、品牌价值、核心人才等。只有做足了全方位的功课，才叫吃透了对手。

第三步，锁定客户

在互联网经济中，无论哪一个细分门类，都是以用户为中心的，只有牢牢锁定了客户，才能将竞争者远远抛在后面。有的企业家认为，企业的任务就是卖出产品，因此他们总想着和用户讨价还价，使尽各种方法让用户购买自己的产品。实际上，真正愿意掏钱购买企业产品的用户并不多。其实，企业家忽视了一个重要问题，那就是他并没有锁定住自己的客户，客户对企业没有忠诚度。

可口可乐公司曾经宣称：就算全世界的可口可乐工厂一夜之间被大火烧得一干二净，第二天的报纸也会在头版做出报道，各地的银行将会争先恐后地向可口可乐公司发放贷款。可口可乐公司之所以有这样的自信，就在于它们的财富不是它们的厂房、设备、产品，而是它们的用户。只要可口可乐公司再次投产，每天都会有成千上万的用户来购买其产品。这就是锁定了客户的意义。

企业要想锁定用户，就需要关注用户的各种情况，着力为用户创造更好的购买体验。这里有三个维度需要创业者特别注意：一是信息，企业首先要了解目标用户的信息，才能更好地满足用户；二是维系好和用户的关系，拜访、沟通、经常举办一些活动都是和用户维持好关系的办法；三是价值，企业要根据用户的价值对用户进行分类，让不同价值的用户都为企业作出贡献。价值可分为销售价值、口碑价值和传播价值。销售价值即用户可以购买的企业产品的数量，口碑价值即用户为企业带来了新用户，传播价值即用户虽然没有购买公司产品，但能帮助企业传播品牌，例如他们可以把你的宣传资料发给自己的朋友。

第四步，产品价值整体创新

产品的价值包括功能、服务、包装、卖点、文化等。其中，产品文化是最容易被商家所忽视的，但其实，文化做好了，同样能为企业带来好的口碑。例如星巴克，实际上它并没有多好的服务，也没有多好的装修，咖啡也并不一定比别家的咖啡好喝，但它的产品文化却是很有特色的，那就是"小资生活"。

进行产品文化建设可以将企业的文化内涵和产品特色传达给消费者，让更多的消费者记住你的产品。产品文化包括用户利益主张、品牌故事、沟通口号等。用户利益主张就是要告诉消费者，你的产品能解决什么痛点；品牌故事就是你的品牌有什么打动人心的故事；沟通口号则是能激起用户共鸣的话语。

以蒙牛的特仑苏品牌为例，其用户利益主张就是"营养新高度，成就更好人生"；而其品牌故事则是充分宣扬了品牌来自金牌产地，用的是金牌牧草，养的是金牌乳牛，做的是金牌管理，而且这五大"金牌"言之有物，做到让消费者信服；其沟通口号"专注营养健康每一天每一刻，为更多人带来点滴幸福"也做到了与消费者心与心之间的沟通，给人一种"以消费者为中心"的感觉。

第五步，定价

一款商品怎么定价，决定着产品以后的发展走势。定高了，用户会觉得你赚得多；定低了，又可能让用户觉得你的产品价值不够。

因此，定价也是极为讲究的一步策略。这里有几种方法可以供大家借鉴：

一是高开低走。企业如果一开始就定了低价，那以后就很难涨上去了，因为用户的心理不太接受涨价。因此可以一开始就定个高价，但是在推广期采用打折优惠吸引顾客，到顾客对产品有依赖后再恢复既定价格。商家要明白，顾客喜欢打折优惠的东西，不是"买便宜"，而是有一种"占便宜"的心理。

二是目标客户定价法。这种定价要求我们从目标顾客的角度出发，考虑顾客所能承受的最高价格，并以此定价。采用这种定价法，商家就要完全摒弃掉传统的"成本+利润"的定价策略。

三是差异化定价法。如果商家能够精准洞察到产品和产品之间的差异，就可以据此制定不同的价格，以实现利润最大化。例如，根据产品的包装大小设定不同的价格，理发店根据理发师的水平不同定不同的价格等。

四是小数点定价法。在超市中，我们经常会看到这种定价方式，商品价格常被标为99.9元、89.9元等。这是巧妙利用了顾客心理，以99.9元为例，尽管与100元只差0.1元，但顾客往往会认为它没超过100元而选择购买。

第六步，盈利模式

盈利模式的种类也有很多。前面我们着重强调过的免费策略就是一种很重要的盈利模式。除此之外，还有以下几种盈利模式：

一是复制模式。这里的复制，包括复制别人产品的功能、战略和营销模式等，同时加上自己的创新。

二是第三方支付模式。就是由顾客以外的第三方来支付顾客的运营费用，而顾客使用产品是免费的。例如电视剧产业，我们收看各电视台的电视剧是免费的，但电视台却以收取广告商的赞助费来盈利。再比如，有的超市不以卖货赚钱，它的利润在于引来了大量人流，靠收取超市周边的门面、房租的收益来盈利。

三是渠道模式。渠道是企业的无形资产，而且就是现金流。有的产品做得非常好，可以占领顾客的心智，但如果渠道商不售卖你的产品，那你也没用。而那些渠道做得好的企业，就有稳定的盈利模式。例如娃哈哈，它与供应商达成了长期的战略合作关系，因此销售量才会足够多。

第七步，品牌战略

当代市场，品牌已经成为用户选择产品的一个重要判断标准。不少用户对于产品的购买，甚至是直接冲着品牌去的，由此可见品牌对于产品至关重要。

消费者对于一个品牌产生好感，是很多因素的叠加。企业要塑造品牌，就是要利用消费者能够接受的一些因素来增加消费者对这个品牌的情感凝结。

塑造品牌及设计模式可以分为对外和对内两个方面。对内需精准定位好目标消费群体，围绕消费者开展针对性品牌宣传；对内则要经历品牌建设、品牌战略、品牌发展、品牌推广等各个环节。众多环节加在一起，是一个漫长的过程，但对于企业来讲，也是一个不可或缺的过程。正如罗马不是一天建成的，品牌的塑造也需要耐力和勇气的加持。

在品牌领域，或许可以说并无绝对的品牌存在，品牌说到底就是顾客的认知，这就好比当人们想到"怕上火"时，脑海里便会立刻浮现"王老吉"，品牌认知在顾客心中已然根深蒂固。

微商的逆向商业模式

对于微商,可能现在没人会感觉到陌生。所谓微商,就是在微信、微博之类社交平台上推销产品或服务的商家。

随便打开一个人的朋友圈,就能看到几个微商。有的人可能对微商是持排斥的态度,认为他们只会发广告、刷屏等伎俩。但实际上,成功的微商,每月的销售额非常可观。

微商作为一种新型的商业模式,尽管常被普通人诟病,但不可否认的是,它高效的推广方式、广泛的传播效率等是值得商家们好好研究和学习的。

微商模式所覆盖的运营模式更加全面，其中不仅包含了代理模式、直营模式，还集合着O2O等多种模式。它们各有各的优势，有时可以相互融合、扬长避短，使前期销售与售后服务达到更理想的衔接效果。

代理模式通常是微商的首选。代理模式就是向下家传授微商营销技巧，下家可以再发展下家，最后的下家面向朋友圈销售产品。打个比方，代理模式就好比建商场，如果一家微商有10个总代理，每个总代理下面又发展了20个一级代理，每个一级代理又有50个经销商，而每个经销商有5000个好友。如果所有人都加满的话，那这个微商覆盖的人群就达到了40万人，这就好比掌握了一家大型商场。而有的商场每天的人流量还不一定能达到40万人。

微商通过代理模式精准锁定客户群体。在销售过程中，代理级别越高，进货成本就越低，利润空间就会越大，这样就能培养出一批忠实的客户。在产品需求的持续过程中，这些客户的交易不断在微商体系内完成，借助裂变式效应，微商的运营效率得以大大提升。

当然，微商的代理模式也常被人诟病。很多人认为别人在朋友圈营销就是在找代理。实际上，微商的代理模式只是线下代理的一种延伸。

如果微商商家选择代理模式，应首要从代理的视角出发，看你的产品能否够吸引代理商，而非单纯从消费者的角度来考虑问题。

对于直营模式，传统直营是将产品的部分利润从代理商、分销商、广告商等环节逐层截留下来，转而分配给直销业务人员的经营模式。直销模式下，业务员携带产品上门，在最短的时间里与客户达成共识，客户可立刻体验产品并当场结账，这不仅加速了资金回笼，还能快速收集用户的反馈。微商将反馈意见分类整合后，筛选出好的建议反馈给企业，助力企业战略的调整和战术的转换。企业发展好了，奖励机制随之完善，微商所获利益自然也会更多。

尽管直营模式源自传统销售理念，却依然能在亲朋好友的社交圈中有效推广。如果时间和利润条件允许，选择微商宣传与直营送货上门的方式，将更受客户青睐。如果做得好，客户不仅能成为回头客，还能为你带来新客户，甚至可以尝试客户对客户的销售模式，进一步拓展业务版图。

一般来讲，如果一个产品的毛利率太低，无法做代理模式，那就可以考虑用直营的模式进行推广。

此外，微信的朋友圈的功能其实远不止销售产品，还可以做O2O营销的有力平台。以高端服装直营品牌z.studio为例，其以年均20～40家的速度持续扩大规模，实现对一二线城市的全覆盖。其运营策略是先在微信朋友圈宣传新款服饰，由于定制服装深受高消费人群的喜爱，口口相传的情况非常普遍，客户数量迅速增长。随后，为每个客户配备专属客户经理，客户经理与客户互加好友并维护关系。随着某地方客户数量增加，当地开设直营店便成了水到渠成的事。

微商的特点在于"小"，虽看似弱势，却有独特优势。正所谓"船小易调头"，微商可根据不同人、不同销售模式灵活调整。尽管微商行为发生在移动端微平台，交易形式多样，但促成交易的方式则完全取决于客户或商家的意愿。

不要以为微商在朋友圈做推广、做宣传会令人反感，精明的微商其实也很讲究技巧。要知道，社交圈里的人多是因为各种各样的原因才聚在一起，可能是孩子同学的家长，可能是特长班的老师和同学、同一小区的陌生人，或者是朋友的朋友的朋友等。虽与自己有着千丝万缕的联系，却未必熟悉，甚至根本不认识。但既然身处同一个圈子里，聊一聊总会成为朋友。微商要打的正好就是感情牌，认不认识并不重要。既然有共同相熟的朋友，又谈得来，何不成为朋友呢？

因此，同样是做微商，有的人做得如鱼得水，而有些人却举步维艰。微商卖的不仅是产品，更是面子、人情、服务、时间等。这经营的不是单独的买卖，而是一场人生。难怪有网友调侃道："要卖产品，先卖自己。"其实，不只是微商，许多业务员不也是先推销自己再推销产品吗？

在了解了微商的商业模式后，我甚至可以预言，微商的商业模式在未来会被广泛应用。如今，线下的市场销售也不乏此类例子。

比如某房地产开发商，在销售环节要求购房者扫描二维码，扫描后，购房者就会收到短信："恭喜你，××先生，你已成为我们的市场销售员，若在微信上分享促成销售，每单可获得1%的提成。"这正是微商商业模式的延伸，其实适用于任何行业。

传统企业的逆向商业模式

这是一个互联网经济快速发展的时代，传统企业如果不加快创新商业模式的步伐，发展必将受阻。电子商务的崛起，使很多跟不上时代的传统门店黯然离场，而这就是一个明证。

以北京朝外大街的百老汇商场为例，它曾经是北京朝阳区一个的繁华之地。2019年6月，百老汇因鲜有人驻足导致不得不闭店。事实上，自2018年以来，北京不断传出各大传统百货商场闭店停业的消息，赛特购物中心、长安商场……

传统企业真的不景气吗？未必，关键在于商业模式创新上稍逊一筹。

传统企业创新商业模式，企业家要率先改变固有的传统思维，积极拥抱互联网。如今，风生水起的互联网+，使得云计算、大数据、物联网等技术成为基础设施，用户和厂商之间得以更加便捷地连接互动，不再仅靠销售或服务人员面对终端用户，用户开始深度参与厂商价值链的各个环节。为了更快、更好地满足用户需求，传统商业链模型亟待用互联网思维重构。

以产品开发模式为例。传统模式下，企业先调查消费者需求，再找专业人员设计，接着购置原材料、组织生产、打广告、将产品推向市场等，流程烦琐冗长，耗时费力，有时甚至会因为市场变化，导致产品积压、资源浪费、市场份额落后。

因此，何不采取一种全新的开发模式来弥补这一缺陷？

海尔的模卡电视机就是成功的案例。海尔在研发这款产品时，曾针对国内的互联网用户征集体验者，和用户一对一沟通，收集用户对电视机的看法和期待，来相应地对要推出的产品进行维护和升级。海尔还邀请了一批时尚个性的网友来到现场体验，全方位获取用户的感受，在得到多数用户的肯定后，才将电视机推向市场。结果引来赞誉无数，大家纷纷推荐，称其配置顶级、操作简单、好看好玩。

借助互联网平台深层交互，海尔模卡电视机真正实现了用户诉求，也有力推动了海尔融入"互联网+"的步伐。

其次，抛开"互联网+"不谈，传统企业还应重新定义顾客价值、改变提供产品或服务的途径、改变收入模式等来实现商业模式的创新。

重新定义顾客价值，就是要求传统企业把思维从传统的产品导向转变为顾客导向。美国著名营销学大师莱维特曾说："（顾客）想要的不是四分之一英寸粗的钻头，而是想要四分之一英寸大的孔。"也就是说，顾客买四分之一英寸粗的钻头，不是冲着钻头实用、好看买的，而是冲着它能钻出四分之一英寸粗的孔才购买的。因此，传统企业做产品，应思考能否为顾客提供价值。比如好莱坞，曾经差点被电视击败，因为它将自己定位为电影业。后来，好莱坞发现人们收看电影是为了娱乐，便抛弃了传统思维，增加电影的娱乐功能，这才让好莱坞重新焕发生机。

改变提供产品或服务的途径也很关键。按照传统的思维，我们提供的是什么产品，好像就只适合在什么店面销售，例如药品在药店，玩具在玩具店。但这个时代的消费者，更喜欢关联商品能在一起销售。例如，宝洁公司就很好地做到了这一点。它们把自己有健康引导功能的薇姿护肤品放在药店销售，取得了极大的成功。

改变收入模式，即企业除了关注产品销售收入外，还可以寻找其他的收入途径。例如五粮液的OEM模式，就是和其他白酒厂商合作，授权其他白酒贴五粮液的商标，占领低端酒阵营创新收入。五粮液和金六福酒的品牌联盟市场运作就是如此。

传统企业演绎新商业模式，还需要突破传统的市场游戏规则，进行逆向创新，才能达到出奇制胜的效果。

如家酒店成立于2002年，自成立以来就保持爆发式增长。在如家之前，传统的酒店经营模式多是自己选址建店管理，而如家采取"租赁+经营"的模式，大大缩短了建设周期，迅速实现连锁化。在别的酒店吸引资本扩张时，如家却专注于内部服务、培训及标准化管理体系的建设。通过这些突破规则的组合拳，如家酒店迅速崛起，入住率甚至达到了惊人的100%。

因此，传统企业要应对快速发展变化的商业社会，必须打破固有的商业模式和思维习惯，逆向创新，方能在激烈的竞争中找到制胜之道。

新零售的逆向商业模式

　　2016年10月，马云提出了"新零售"的概念。他认为，新零售将是未来的一大发展趋势，线下的企业必须走到线上，线上的企业又必须走到线下，线上、线下和现代物流叠加，才能真正创造出新零售来。

　　从这里，我们可以看出新零售的含义。新零售就是企业依托物联网、大数据、人工智能等新型技术手段，并且运用消费心理学的知识，对商品的生产、流通与销售诸环节进行再造，并深度融合线上服务、线下体验和现代物流的一种新型的零售模式。

过去在电子商务崛起以后,传统门店倒下了一大片。这是因为和电子商务相比,传统门店有着诸多痛点。例如,经营成本高昂、客流转化率低、二次交易促成低等。现在有的传统门店使用会员制,通过积分、折扣来吸引客户,但这种模式仍然很难与客户进行良性互动,从而影响了二次交易的促成。

此外,在电子商务蓬勃发展多年后,纯电商模式似乎也显得难以为继。一方面,网购用户变得越来越挑剔,商家获取流量的成本急剧上升,转化率大幅下降,许多老店铺陷入了发展瓶颈;另一方面,随着移动智能手机的普及,近年来网民增长趋势放缓,网购红利逐渐消退,令许多纯电商倍感头疼。

在这种情况下,新零售提倡的线上和线下的资源整合就成为一个很好的突破点,能给消费者提供更好的产品和服务。

阿里巴巴旗下的盒马鲜生,于2014年开始筹备,2016年开出第一家门店。其主要模式就是线下的门店和线上的APP融合运营。

盒马鲜生线下门店类似于精品超市,生鲜和餐饮类品类丰富,商品大多经包装后销售,店内不设电子秤。线上APP所售商品主要来自线下门店,在各门店附近5公里范围的订单,可以实现即时送达,配送时间严格控制在半小时,并且当时还没有起送门槛。

盒马鲜生的门店入口处有APP下载推广专区,顶部有传输履带。APP用户下单后,门店可以快速完成拣货,货物经由履带传送至物流区。

盒马鲜生的APP主要服务于门店附近5公里内的用户,这样可以确保快速交货。线下门店则为客户提供良好的购物体验,满足其随时随地"吃"的需求。同时,借助大数据分析消费者的购物偏好,并在盒马鲜生APP上为用户推送个性化的建议,并根据购买习惯,为客户提供精准的数据驱动商品推荐。

凭借线下门店的优质体验与线上APP便捷购物,盒马鲜生截至目前全国门店总数逼近430家,成为新零售行业的典范。

除盒马鲜生外,肯德基、麦当劳也积极尝试线上线下的融合。在这些门店消费时,顾客既可以通过触摸屏式点单机下单,也可以通过他们的官方APP或者微信小程序在网上点单后现场取货。

从这里,我们可以看出线上线下资源融合的巨大优势。它不仅能提升服务的品质,更能极大地方便了消费者。

此外,新零售强调生活化、场景化的体验式消费。置身于当下这个以用户为核心的商业时代,用户体验的重要性被提升到了前所未有的高度。商家只有注重用户购物体验,才能真正赢得用户的青睐。

因此,现在很多零售商开始对店面进行改造,从传统的"卖产品"逐渐调整到了"卖生活"上来。以阿里巴巴与银泰商业共同打造的House Selection（生活美学馆）为例,店内精心设计咖啡吧、书吧等像家居样板间一样的独立空间,让消费者仿佛置身真实的生活场景之中,对看到的满意的商品直接下单,完美实现了从"卖产品"到"卖生活"的华丽转身。

新零售的另一发展方向是全渠道运营。新零售的每一家门店因为融合了线上资源,物流供应链技术的重要性愈发凸显。因此未来,"网络+门店+物流"将成为新零售的标配。京东就是其中的典型代表,其不仅大力自建仓储物流体系,也在不断寻求线上线下的全渠道运营,入股永辉超市就是其战略推进的最好明证。

新零售的概念一经提出,就在零售业中引发了蝴蝶效应。

那些敢于第一个吃螃蟹的人，现在已经尝到了新零售带来的红利。而那些还没开始变革的零售商也应加快脚步，根据自己的实际情况，大胆创新，精准对接消费者的真正需求，如此才能在激烈的市场竞争中立于不败之地。

互联网企业的逆向商业模式

互联网企业，顾名思义就是以计算机网络技术为基础，利用网络平台提供服务并获取收入的企业。现在国际国内的主流商业巨头基本是互联网企业，例如谷歌、雅虎、腾讯、百度等，而一些中小互联网企业更是数不胜数。

互联网企业巧妙地顺应了互联网这一时代浪潮，借助"互联网+"的风口效应，迅速发展壮大。它们的崛起源于对互联网趋势的精准把握，而随着5G时代的到来，无线支付、移动办公、智能家居、位置服务、远程医疗等诸多新兴业态蓬勃兴起，互联网与电网、交通、医疗、家居等传统行业深度融合，为互联网企业带来无限的想象空间。

从商业模式层面剖析，互联网企业也要紧跟时代脉搏。"用户为王"的理念在互联网领域恒久适用，只有真正把握住了用户的需求，将它与自身的产品深度融合，并提供极致服务，企业方能在互联网浪潮中乘风破浪，完成产业流程的华丽再造。

现在比较流行的O2O思维中的C2B模式就是如此，它之所以能得到大多数用户的推崇，就在于它的"预付+定制"模式深入人心。企业可以预先将自己的产品放在网上预售，用户根据自己的需要决定购买数量、提出修改意见，企业据此精准生产。将选择权完全交给用户，完美诠释了"用户就是上帝"的核心理念，众多商家凭借此模式一经推出，便收获巨大成功。

分享经济作为当下炙手可热的新兴经济形态，亦是顺应了"势"的绝佳体现。它准确地把握住了未来资源共享、信息共享的发展趋势，打造出一种全民皆可参与的全新市场交换模式，是一场由民间自发形成的经济业态革命。

分享经济源于互联网，而它带来的冲击将很有可能超过互联网本身，为人们带来了一种全新的思维模式。在传统商业中，闲置资源经常得不到利用，而分享经济却让这些闲置资源得以被利用，以冗余资源的再利用替代了传统生产力，且因资源本身冗余，其经济形态成本低廉，无须再生产，这是传统经济模式无法企及的。以前，我们讲"顾客就是上帝"，而在分享经济中，"顾客也是服务者"，顾客也是可以提供服务的，仅仅是这种思维形式的变化，就足以改变很多行业，掀起一场新的产业革命。

再者，"移动生态系统"的打造也是互联网企业必须紧跟的"势"。"移动生态系统"的提出，表明单纯的平台竞争时代已经结束，移动生态系统的时代已经到来。

一个移动生态系统的良性运转，靠的绝不仅仅是终端上的硬件和软件，还需要开发者、应用、电子商务、广告、搜索、社交服务（SNS）、地理位置服务（LBS）、统一通信等一系列扩展体验。

阿里巴巴成功的关键之一，就在于它依托电子商务平台的强大力量，连接起了中小企业、自主创业者和消费者。淘宝网也几乎成了我国电子商务的代名词。对此，马云说："淘宝不只是一个交易网站,而是一个电子商务生态圈的符号,无论线上线下,无论PC互联网还是移动互联网平台,只要人们想到购物和交易,淘宝将无处不在。"

诚然,互联网商业模式纷繁多样,打造爆品、免费模式、第三方支付等都是互联网企业常用的商业模式的环节,它们代表着商业模式中不同的部分。但从客观层面来讲,互联网企业首先要做的就是根据时代的变化、消费者需求的变化这些"势"的关键要素,对商业模式进行总体创新。在明晰大架构后,再聚焦微创新,精准打通盈利通道,方能在激烈的市场竞争中稳步前行、持续发展。

第八章

逆向商业模式案例解读：走在前面的赢家

在这个世界上，已经有了很多依靠逆向商业模式取得成功的企业。它们宛如先行者，稳居成功之巅，是我们学习的"榜样"。这些企业更是我们前行路上的"借鉴"风向标。其成功案例宛如熠熠星光，照亮我们探寻发展出口、明确前进方向的道路。

小米的颠覆式创新"铁人三项"

小米，这家自2010年4月6日诞生起便专注于智能产品自主研发的移动互联网公司，成立以来，已然实现了飞速发展。如今，小米公司声名远播，小米手机的出货量也长期稳居全国三甲之列。而小米公司的创始人雷军，也凭借其卓越的商业眼光和领导才能，成功跻身福布斯中国富豪榜。

小米公司，从零开始，一度做到国内市场份额第一，仅是这份傲人的成绩，就说明它有着太多地方值得其他企业学习。

事实上，小米独特的商业模式给我们留下了很多的想象空间。其中，其颠覆式性创新的"铁人三项"模式尤为引人瞩目。

雷军曾精辟总结小米商业模式：向用户提供参与感，赢得用户参与到小米产品的完善和品牌的树立中来，共同成就一个前所未有的软件、硬件、互联网"铁人三项"公司。雷军在一次公开演讲时，雷军表示：2007年苹果iPhone横空出世之后，全球的手机行业一度陷入迷茫，难以跟上时代步伐。他创立小米，正是洞察到这一机遇。iPhone成功的关键在于将软件、硬件、互联网服务融合为一个有机整体，将其命名为"铁人三项"。当时，全球前五大手机厂商多为纯硬件厂商，硬件公司做不好软件，软件公司又害怕做硬件，所以雷军想将小米打造成涵盖软件、硬件及互联网服务的铁人三项公司。他认为这是在全新手机时代立足的关键突破口。

简而言之，"铁人三项"是以互联网思维驱动的众包模式典范。

小米硬件产品涵盖手机、电视、手环、扫地机器人等诸品类，其中手机无疑是核心业务。

在小米做手机之前，一般品牌手机都被放在柜台里直接标价售卖的。但是小米却另辟蹊径，以元器件成本总和来定价，使手机价格透明公正，让消费者深感购买小米手机绝对不会吃亏。仅这一措施，就让小米赢得了不少拥趸。

在小米手机的制造环节，小米将互联网思维的魅力展现得淋漓尽致。雷军提出"七字诀"——"专注、极致、口碑、快"，成为小米互联网思维的精髓。"专注"就是精减产品线，以少胜多。这就好比我们用手指头按压物件，很难有穿透力，而如果用一根针扎下去，就不一样了。因此，小米专注于只做几款手机，因为专注，才能把手机做到极致。有了极致的产品，才能赢得用户的良好口碑，进而带动产品的销量。

"快"则体现在对用户反馈的快速响应与产品迭代更新上。雷军希望小米能够第一时间得到用户的优质反馈，并迅速改进好产品。为此，小米打造了小米社区，吸纳用户进入，收集产品改进意见。研发人员在吸纳建议后，小米即操作系统就会每周更新一次，尽管操作系统比较复杂，对可靠性的要求也很高，但小米多年来一直坚持如此，并把用户的参与打造为品牌的一大卖点。

小米的硬件产品并不以盈利为唯一目的，小米的软件产品才是盈利关键。早在研发手机前，小米就耗时一年精心打造了软件产品MIUI。其功能丰富，集成度高，迅速聚拢50万用户。庞大的用户群，相应地增加了产品的出货量，小米再借助软硬件协同将用户转化为忠诚的"米粉"，最终凭借软件的增值服务实现盈利。如今，小米软件生态愈发已经丰富，涵盖小米商城、小米应用商店、小米视频、小米游戏中心等诸多门类。

小米的众多软件又是建立在互联网服务基础上的，这些服务高度依赖小米建立的手机生态。另外，小米也在用互联网精神来探索新零售模式，线上线下紧密联动。截至目前，小米新零售的标杆"小米之家"已在全国有1000家门店。"小米之家"的核心在于精选产品组合，不局限于卖手机，还涵盖充电宝、空气净化器、平衡车等多元产品。因为如果只售卖手机一个产品，那就意味着只是一个低频消费，顾客复购周期长，营销成本高、效率低。而丰富多样产品的组合，正好契合了消费升级趋势，再加上小米产品的高颜值及性价比，深受消费者顾客的喜爱。

综上所述，小米的"铁人三项"商业模式皆在把硬件打造为通往互联网世界的管道。小米正朝着这一目标稳步迈进，期以手机为中心，连接所有智能设备，这些产品的价值并非仅在于产品本身，更在于其背后的互联网服务。

靠增值服务打开盈利空间的京东

　　京东是我国知名的综合网上购物商城，其创立于2004年。

　　经过短短两年时间，京东完成了最初的资本积累。自2007年起，京东借助资本的力量逐渐打开了一个新的世界，其销售的品类也从单一的计算机产品逐步拓展，成功转型为一个全品类的综合性电商平台。如今，京东已成为一家足以和阿里巴巴相抗衡的电商巨头。

　　京东十余年的飞速发展堪称传奇。它曾连续八年保持了200%以上的增长率。2012年时，其交易规模就达到了惊人的

600亿。

京东之所以能从一个小平台迅速崛起，吸引资本目光并实现，高速高规模的增长，其发展初期对零售商业模式的重构功不可没。

在京东之前，我国电商的模式基本还是参照传统零售模式。传统的零售模式很简单，即商家通过进货与售货的差价来获取利润，这部分利润再扣除商家的店铺租金、人工成本、运输成本等，剩余部分成为商家的最终盈利。若商家为了追求更大的利润而扩大规模，店铺租金、人工成本、运输成本等其他成本也会随之上升，导致毛利长期处于较低水平。

但是京东没有这样做，而是采用了一种在当时看来颇具创新的商业模式。以互联网为基础，构建网站售卖商品，从而省去店铺租金、样品展示及人工成本，商家成本大幅降低。即便存在租用服务器、建设网站等成本，也只需要一次性投入，无须像店铺租金、人力成本那样有持续支出。随着用户规模的不断扩大，这些一次性成本被逐渐摊薄，甚至可以忽略不计。

在京东发展的前几年，消费者的消费观念也在发生变化，从单纯关注商品价格，逐渐转变为关注商品的质量和送货速度。基于这种变化，京东开始自建物流体系。刘强东深知物流是线上和线下的关键衔接点，有一个好的物流就能极大提高用户的购物体验。用户体验的提升，不会带动用户增长，形成规模效应，如此京东的盈利就有了保证。这是一条正向循环的发展链条。

但是，京东并不只想做一个成功的电商，它还有更大的野心，那就是靠增值服务打开盈利空间。

自建物流便是京东增值服务的典型代表。京东有先进的技术平台，如海淀区大数据研究中心以及南北两大云计算研发基地。凭借这些的技术平台和用户端到端的网购过程全覆盖，京东积累了大量完整真实的用户消费数据，这些数据就成为其开放合作、吸引合作伙伴的重要砝码。它将这些消费者数据存储于云端，进而为合作伙伴量身打造多元化的解决方案。同时，凭借京东物流的强大吸引力，商家纷纷入驻京东平台，为京东带来巨额的财富收益。

京东金融和京东便利店的拓展，也是京东的增值服务之一。京东金融可以结合供应商评级系统、结算系统等对供应商展开一整套金融业务，为他们提供融资理财、投资信托等多样的金融产品。

京东便利店作为京东新零售的组成部分，充分展现了增值服务的深厚内涵。得益于京东高效的物流体系，京东便利店迅速扩张，目前已实现了对大陆行政区县100%的覆盖。以京东物流的速度，这些便利店的订单有85%都可以实现24小时送达，而且不受地域限制。

为了赋能京东便利店，京东对传统的人、货、场的关系进行了重构。在京东便利店内，除了传统的商品买卖，还包括如洗衣、代收包裹、充值缴费、家政维修等生活服务，以及金融服务、商业服务、公益服务等增值业务板块。这些增值服务不仅为京东便利店吸引了大量的客流，还有效增强了用户黏性，成为其增收的重要举措。

可以预见的是，未来，京东构筑的增值服务体系还将越来越广，而凭这些增值服务，京东能开创出比原来纯电商时多得多的盈利空间。

轻电商轻资产的阿里巴巴

1999年，原本是一名英语教师的马云和另外17人在浙江省杭州市创立了阿里巴巴网站，定位于给小型制造商提供一个产品销售的贸易平台，其使命是"让天下没有难做的生意"。

阿里巴巴的商业模式一开始是B2B形式（进行电子商务交易的供需双方都是商家）。当时，阿里巴巴切入的B2B领域，在中国几乎是空白。彼时，国际上的电子商务刚刚兴起，美国已经有了一些B2C或者C2C的龙头企业。但是即便是美国，参与B2B的企业也不多。

马云正是看中了B2B业务的发展前景，做了中国第一个吃螃蟹的人。当时，电子商务正在成为风险投资商比较关注的新领域，马云坚信，阿里巴巴做起来以后，也能吸引风险投资商的目光。

事实也确实如此。阿里巴巴走的是一个轻电商、轻资产的模式，它打造了一个商务平台，不需要自己销售商品，只需要做好商家和消费者之间的连接即可。这种新颖的方式很快吸引了上游商家和下游消费者的双向关注，从而在网站一经推出，阿里巴巴就积聚了较高的人气。

在2001年到2002年这个时间段，阿里巴巴面向供应商和采购商推出"中国供应商"和"诚信通"两项业务，而这两项业务后来也成了阿里的核心业务，并成为阿里的收入支柱之一。"中国供应商"是阿里通过大数据等信息技术对商家进行评级，将商家分成不同等级的会员，并向会员提供收费业务。高等级的会员年费可以达到4~12万元，但可以获得阿里提供的域名、网店、CRM软件、培训、会展等业务，而这些业务正是商家吸引客户驻足的重要窗口。"诚信通"则面向一般等级的会员，企业年费定为2800元，个人年费为2300元，会员可以获得阿里巴巴提供的信用认证、网铺等服务。

阿里巴巴通过"中国供应商"和"诚信通"这两项业务，充当了供应商和采购商之间的中间人角色，有点像是传统贸易中的经纪人，但又有所创新。

在马云看来，决定B2B市场胜负的关键不是资金，也不是技术，而是"诚信"。当时国内的在线支付系统还不发达，买卖双方对于商家的诚信有着很大的担忧，安全支付就成了电子商务的一大瓶颈。而阿里巴巴搭建的诚信体系正好弥补了这一短板。2003年10月，阿里巴巴在淘宝网推出自己独立的第三方支付平台——支付宝，则更加起到了保障货款案例和维护买卖双方利益的作用。

紧接着，阿里巴巴在看到商家大都希望自己的商品在网站展示中处于有利位置时，又适时推出了"关键词竞价"策略，企业可以通过这个策略锁定关键词，在网站的商品展示中让自己的产品排在前列。当然，这是有偿的，商家需要支付给阿里巴巴一定的费用。排名前三位的竞价，起步为500元，上限为16000元。

仅这三项业务，就为阿里巴巴创造了非常可观的收入。到

2004年时，阿里巴巴的会员费收入就达到了4500万美元。投资人非常看好阿里巴巴，到2004年，阿里巴巴获得的投资总额已经超过1亿美元。

如果把1999年到2004年这段时间看成是第一阶段，那之后阿里巴巴就进入了业务多元化的第二阶段。其目标用户群进一步细化和扩大，同时增加了对物流公司的配送服务链接。此时，阿里巴巴的目标已经不再局限于打造一个电子商务平台，而是致力于构建一个"开放、协同、繁荣的电子商务生态系统"。其战略核心在于确保平台能够提供在线业务成功所需的一切资源，全方位支持整个生态系统的发展。

在此战略指引下，阿里巴巴相继推出了C2C模式的淘宝、B2C模式的天猫，以及基于购物搜索的一淘网。同时，自建阿里云、蚂蚁金服，还先后收购了墨迹天气、虾米音乐，投资了文化中国、佰程旅行，并控股银泰百货、优酷等知名企业。

随着技术的不断进步，阿里巴巴拓展业务与创新业务版图，并在传统零售行业的改造上也做了诸多尝试，如推出无人超市、汽车自动售卖机、无人零售店等多种新零售业态。这不仅是阿里巴巴商业模式的一次创新性变革，也为其量身打造了可持续发展的新模式。

靠免费起家的奇虎360

奇虎360由周鸿祎于2005年9月创立，致力于为用户提供高品质的计算机安全服务。

最开始，奇虎360以销售卖计算机杀毒软件起家。然而，随着市场竞争的日益激烈，瑞星、金山、卡巴斯基等竞争者相继涌入市场，奇虎360的市场份额被挤占得越来越小。

面对这一困局，周鸿祎经过深度思考，意识到互联网的核心原则之一：对于一款每个人都需要的产品，应该遵循免费原则。安全服务作为互联网的基础服务，是每个用户不可或缺的需求，理应免费。

于是，周鸿祎宣布360杀毒软件停止售卖，转而永久免费向用户开发。这一策略让竞争者们措手不及，同时也引发了他们对奇虎360盈利模式的质疑：如果其产品是永久免费的，那它又靠什么来盈利呢？如果奇虎360难以为继，那又用什么来保证用户的权益呢？

显然，大家的质疑是基于传统商业社会的思考。殊不知，奇虎360的商业模式正是一种逆向思维。

其实，当时的周鸿祎对于奇虎360的商业模式也不是很清晰。他只是有一个大概的方向，那就是奇虎360不能再走销售杀毒软件的老路，而是应该用免费来吸引忠诚的用户，等奇虎360的用户积累到一定规模以后，自然就有了更多的商业模式。

360杀毒软件原本就具备出色的性能，再加上这一次宣布永久免费，对用户来说有着巨大的吸引力。于是，用户纷纷舍弃瑞星、金山、卡巴斯基等杀毒软件，转而安装了360杀毒软件。

之后，周鸿祎又将奇虎360的产品从单纯的杀毒软件，演化到电脑的安全卫士，为那些不熟悉电脑的人提供了便捷的解决方案，也进一步扩大奇虎360的用户群体。

当用户的规模逐渐庞大之后，周鸿祎的商业构想逐步得以实现，奇虎360也终于找到了属于自己的盈利模式。

在基础服务免费的前提下，奇虎360又开发了很多衍生品，而这些衍生品才是其盈利的关键所在。在用户将360杀毒软件、360安全卫士安装到计算机后，用户的计算机里就有了360的痕迹。360杀毒软件和360安全卫士虽然不收费，但它们还肩负着一个重要的使命，那就是把360浏览器和桌面等真正让奇虎360能够盈利的产品推荐给用户。

以360浏览器为例，用户打开了浏览器，首先看到的一定是360导航页。该导航页会根据用户的使用习惯推送不同的内容。截至目前，360浏览器的用户数量已经超过4亿，这4亿用户里如果有2亿人使用导航页，如此庞大的用户体量必然会吸引网站公司的关注，因为这是一个重要的流量入口。为了在360导航页上占据好位置，网站公司需要向奇虎360支付广告费用，这些广告费用成为奇虎360盈利的来源之一。

此外，360浏览器还设有360网页游戏入口，同样庞大的用户基础吸引了众多游戏内容制造商的关注，促使其纷纷进驻奇虎360平台。奇虎360顺势向这些游戏制造商收取合理费用，进一步拓展了盈利渠道。

奇虎360的收入来源还有很多，除了上述广告收入外，还包括360搜索的关键词竞价收益、360软件管家的第三方软件下载佣金收入以及基于移动终端的360手机助手的第三方分成收入等。

周鸿祎说："我们的目标就是通过提供免费的基础服务得到用户，建立品牌和影响力，最终通过增值服务来获得收入。"其盈利模式可以概括为让少数付费用户为大量免费用户提供价值，即"让1%为99%埋单"。

凭借这一模式，360这款免费的计算机安全产品不仅在质量上超越了许多收费产品，收入也更可观，完全颠覆了以前人们认为"便宜没好货"的观念。究其根本，在这个免费盛行的时代，免费政策吸引了大量用户，企业为了维护这些用户，只能用更好的产品质量来挽留这些可以为企业带来增值服务资源的用户。

奇虎360的商业模式是对普通用户免费，想办法增强用户黏度，然后以此吸引企业，向企业收费。

其实互联网从诞生那一刻起，基础服务就是免费的。如果企业主们仍固守收费思维，那无异于自寻死路。因为当你的产品的用户规模足够庞大时，盈利是迟早的事情。奇虎360自2005年成立，直到2009年才开始盈利，这4年的蛰伏期便是对这一理念的有力印证。

苏宁：从店商到云商

苏宁云商的前身是苏宁电器，1990年成立于江苏南京。最开始，苏宁仅是一家经营空调的200平方米专营店。后来，苏宁的商品门类逐渐覆盖所有电器门类，苏宁也成为一家综合电器连锁经营的大企业，其门店开遍全国各地。

彼时，苏宁还没有线上业务。但到了2009年，随着个人电脑的普及，以及智能手机、平板电脑这些移动终端的出现，苏宁"掌门人"张近东敏锐地意识到电商时代即将到来。其实，当时正是家电零售连锁企业门店扩展的黄金时期，其他家电零售连锁企业正在想尽办法"跑马圈地"，但苏宁电器却果断上线了"苏宁易购"，带领苏宁电器投入到了企业向互联网转型的道路上。

和阿里、京东白手起家不同，苏宁转型有着良好的基础。因为它在全国各地有上千家门店，这么大的体量转型互联网，有很多可以借鉴的成熟经验。

张近东花了三年时间试水苏宁电器的互联网转型。慢慢地，张近东发现，线上和线下其实并不应该是两条平行线，它们也可以交叉融合，即O2O模式。

现在看来，O2O模式是一种非常常见的商业模式，但苏宁却是最早对其应用的企业之一。在它之前，鲜有人能想到这一点。苏宁将线上的虚拟商务与线下的实体门店结合起来，这样，线下的商家可以利用店铺进行宣传，吸引顾客。而顾客也可以在线上挑选商品，然后再去线下的门店实际体验。而且，苏宁的商品，在线上和线下的价格是统一的。消费者在线上还能快速了解到苏宁的商品动态，从而能快速在门店提货，或在网上进行购买。这样，缩短了顾客的消费时间，顾客也充分享受到了服务。

凭借这一点，苏宁很快实现了弯道超车，并且明确了苏宁"一体两翼"的战略形式，就是以互联网零售作为主体，以O2O模式和开放平台作为两翼，将苏宁打造成"店商+电商+零售商"的发展模式。

在互联网化的过程中，苏宁打开了品类的天花板。2012年，苏宁收购母婴B2C平台红孩子，把自己的商品从家电扩展到了全品类。2013年，苏宁向外界宣布，将公司名称从"苏宁电器"更改为"苏宁云商"，以与公司新的商业模式相适应。苏宁云商成立后，苏宁充分利用物联网、云计算和大数据等业务，在顾客下单后，提高自己在后台的作业效率和运输能力。另外，伴随着各项基础设施的成熟，苏宁又将业务拓展到了金融、银行、物流等领域。因为物流系统的建立，现在苏宁的线下实体店就提供了三种独有的服务，即大家电装送一体、两小时急速达和以旧换新。

苏宁云商是依托于互联网发展起来的零售商。它的盈利模式和传统零售差不多，线下门店和苏宁易购均是通过买进卖出来赚取差价，但它门店众多，可以通过规模化来实现更多利润。另外，苏宁的电器利润率很低，行业的进入门槛也相对变高，这对苏宁反而是一件好事，因为它对竞争对手起到了封杀的作用。

另一方面，苏宁的零售服务商可以为入驻的商家提供支付、金融、数据、营销、仓储等方面的服务，这也是苏宁的一大收入来源。

从这些方面来看，苏宁云商的商业模式的核心就是以云技术为基础，将苏宁的前后台整合在一起，将线上线下融合在一起，以服务全产业，服务全客群。这种商业模式很好地便利了顾客，也为苏宁增加了很多保障。

苏宁模式的转型其实本质上也是零售模式的转型典范。如今，零售行业讲究提高流通效率，满足顾客个性化的需求。在这个过程中，大数据技术的发展，为我们分析掌握消费者数据、分析消费者行为提供了极大的便利。由此，我们甚至能挖掘到每个人的个性需求，并想办法满足他们。做到了这一点，零售行业才能重新焕发出生机。

"行业搅局者"瑞幸咖啡

如今，在众多一二线城市的街头巷尾，随处可见瑞幸咖啡店，其崛起速度令人难以置信。

2017年10月，瑞幸咖啡才正式开张。2018年，瑞幸咖啡的门店数量已经攀升至2000家，销售出近亿杯咖啡，客户满意度高达99.6%，估值超200亿美元。

在过去的一二十年，在咖啡行业一直是星巴克稳坐龙头宝座。但瑞幸咖啡的横空出世，打破了这一格局。从店面规模来说，瑞幸咖啡已经是中国的第二大咖啡品牌，堪称行业中的搅局者。它的出现，皆在冲击星巴克的行业地位，占领用户心智，培育和教育咖啡市场。

从商业模式的层面来讲，瑞幸咖啡可概括为"咖啡+互联网下单+外卖/自提"的创新模式。

瑞幸咖啡的门店均不接受加盟，全部为100%直营，各门店由总部直接管理，具有便于管控、形象统一、服务好、利润高的特点。

瑞幸咖啡的门店经营深度融合互联网元素。在瑞幸咖啡的门店，用户看不到收银台，店内的所有交易都通过APP进行。这样，客户的体验感就增强了。因为在APP上，客户下完单以后，可以清楚地看到自己咖啡的制作过程，还可以看到自己订单预计完成的时间，也可以自己设定取咖啡的时间，完全不用排队。在瑞幸咖啡的APP上，每一个门店的位置都标示得很清楚，用户可以快速找到就近的门店，全方位优化用户体验感。

借助APP，瑞幸咖啡和用户产生了紧密而强大的连接。在客户下完第一个订单后，瑞幸咖啡就可以搜集消费者的行为数据并做出分析，以便未来为消费者提供更好的商品和服务。而这在传统咖啡店是不可能实现的。因为传统的咖啡店是用户到店内下单，消费完用户就离店了，咖啡店不可能获知用户的消费和服务偏好，因此也不可能对消费者未来的消费行为做出分析和预测。

在门店的设计装修上，瑞幸咖啡也不是千篇一律的，其门店分为悠享店、快取店、外卖厨房店三种。这里特别值得一提的是瑞幸咖啡的外取店。从中国消费者对咖啡的消费习惯来看，很多人购买了咖啡以后，更喜欢拿走喝，而不是坐在店内喝。所以，瑞幸咖啡特意聚焦于了这部分有快取需求的用户。

而外卖厨房店，改变的则是咖啡和人的连接。以前，咖啡店的规则是"来喝咖啡"，而瑞幸则是"你下单，我快递咖啡"，只要客户想喝咖啡，通过瑞幸就可以很方便地喝上。这是瑞幸咖啡相较于传统咖啡店一个很重要的转变。

当然，在获取用户的途径上，瑞幸咖啡采用了买一送一的策略，也就是大量烧钱的方式。瑞幸咖啡要的就是通过这样的策略积累流量，培育用户，同时增加用户的复购率。

瑞幸经常说自己的对手是星巴克，但从上面的介绍来看，我们能发现它和星巴克又有很大的不同。星巴克主要经营的是人们在工作和生活之外的休闲和社交场景，而瑞幸咖啡主营的是外卖、快取的消费场景，为此，它也不得不以高密度的门店来覆盖线下的空间。

　　补贴用户，再加上疯狂开店，这一系列的操作对资本的需求巨大。亏损高达数十亿的瑞幸咖啡，通过优化成本结构和提高运营效率，最终实现了从亏损到盈利的转变。据媒体报道瑞幸咖啡在2024年5月6日开始实现集团整体盈利，金额在数千万元。

云集：一个复杂的综合体

云集也是社交电商，成立于2015年，总部位于杭州。2017年，云集全年的交易额超过100亿元，日销量最高时达到了2.78亿元。2019年5月3日，云集在美国纳斯达克挂牌上市，市值超过32亿美元。

从商业模式上来看，云集有着太多的创新，很难说它具体是哪一种模式，它更像是一个复杂的综合体，将很多种模式的优点糅在一起，才形成了今天的云集。

阿里巴巴湖畔大学的教育长曾说云集是S2B2C模式。这里S是云集，B是店主，C是终端的消费者。其逻辑是云集通过云端的共享，聚合起商品、物流、客服、图片、广告、文案、IT等资源，再将这些资源开放给B端的店主，通过产业链的赋能，使店主的成本几乎达到零值。而店主要做的，就是在社交圈子里推荐和宣传云集的商品，吸引终端消费者购买，再由物流系统完成交易，如此形成一个完整的闭环。

在这个链条中，商品并不经过中间环节的店主之手，用户在店主推荐的页面下单，商品将从云集的供应链或工厂直接送到消费者手中。店主在该订单完成后，收获由云集提供的佣金。

这个模式直接戳中了早期微商的痛点。早期的微商其实就相当于一个传统供应商，要承担起商品囤货、仓储、物流等任务，这些环节严重影响了微商的效率和收益。而云集一出现，就简化了微商的这些环节，让微商将重点放在传达、售卖商品上，由此变得专注而高效。

通过社交体系，云集面向全社会招募和培训店主，把这些店主作为节点串联起来。而它则将供应链和物流体系进行资源整合，也最大化地突出了微商的社交优势。对微商的赋能，堪称是云集最大的价值。

云集采用独特的会员制模式运营。用户只需下载云集APP并完成注册，就能马上成为云集的VIP会员，但要成为钻石会员（店主），则需缴纳398元会员费。钻石会员所享优惠力度远超普通会员，如购物返利、优惠券、云币奖励等。这种会员制度有点像传统的直销，好的店主可以升级成为主管，可在普通店主的基础上再获得直邀店主398元会费中的150元提成和直邀店主15%的销售佣金。主管之上还有经理层级，可再获得间邀店主398元会费中的80元提成。这一套晋升机制无形中给了云集店主销售的动力，促使他们积极向上晋升，进而推动云集用户呈裂变式增长。短短三年间，从2016年到2018年，云集会员的数量便从90万人飙升至2320万人，会员费也成为其重要的收入来源之一。

在商品的选择上，云集也不同于其他电商。天猫、京东、拼多多等平台，商品品类繁多，而云集则更聚焦于成熟的新创品牌和优质产品。其背后有一个非常专业的买手团队。这些买手的主要职责是在国内外寻找商品资源，与供应商谈判，保证挑选出优质的商品。因此，云集的商品在品质上都较有保证，这也增加了消费者对云集商品的依赖感。现在云集的商品种类大概在5000个。虽然云集的总体规模比不上天猫、京东这些大型电商平台，但从单品的流量上来看，云集其实是超过天猫和京东的。

在商业运营链条中，不要认为云集单纯依赖增加会员、坐等消费者下单，其实云集本身才是商品销售的驱动平台。云集的营销是灵活多变的，每个月都有主题营销，也有像"双十一"这样的节日狂欢，这些营销就成了云集撬动市场的有力杠杆。

由此，云集的收入模式便清晰可见，主要依托商品的销售收入和会员费的收入。用户的体量越大，收入就越高。

云集创始人肖尚略曾指出未来经济领域的三个趋势：信息获取的方式从搜索转向订阅、众多领域加数字化改造、商业更注重协作和去公司化。云集的成功，正是对这三大趋势的有力印证。它不但实现了像沃尔玛、家乐福这些线下精品店的数字化，还创造出靠用户分享和口碑来获取商品的新方式，达到了去公司化的目的。以后，人们购买商品，或许不再需要售卖商品的企业，而只需要售卖商品的个体（云集店主）就能实现交易了。